Anja Mannhard

Das Kita-Team

Informationen und Praxistipps rund um Teamentwicklung, Teamführung und Teamgesundheit

Ökotopia Verlag

Impressum

Autorin Anja Mannhard
Fotos Michael C. Möller
Lektorin Sonja Linde
Covergestaltung designmeetsmotion.com
Layout & Satz designmeetsmotion.com, Tina Meffert
Druck Drukarnia Dimograf Sp.Z o.o. Polen

ISBN 978-3-86702-597-3

Eine Marke der Bergmoser + Höller Verlag AG

Bleiben Sie in Kontakt
www.oekotopia-verlag.de

Inhalt

1 Teamentwicklung

1 Teamentwicklung

Woran liegt es, dass manche Kita-Teams über sich hinauswachsen, alle Mitglieder gerne Teil des Ganzen sind, und andere Teams auf der Ebene ständiger Streitereien stecken bleiben und eine hohe Fluktuation verzeichnen?

Die Kita-Arbeit ist von flachen Hierarchien geprägt, es wird auf Effizienz gesetzt. Über die Zusammensetzung von Teams soll durch Synergien eine gute Qualität der Arbeitsergebnisse und eine hohe Motivation der Mitglieder erzielt werden. Der Führungsstil in flacher Hierarchie sieht einen großen Umfang an Teamentscheidungen vor, gerade, wenn die Leitungen auch als pädagogische Fachkräfte tätig sind. Mitglieder von Teams möchten partizipieren, und sie wollen ein harmonisches Miteinander am Arbeitsplatz pflegen.

Man sollte gegenüber Teams aber nicht kritiklos euphorisch sein. In der Realität der Kita-Arbeit setzen sich die Mitglieder nicht immer aus einer profunden Auswahl an geeigneten Mitarbeitern zusammen, denn der Fachkräftemangel zwingt zu Kompromissen bei der Stellenbesetzung und bei den Anforderungen, die an die Arbeitsleistung gesetzt werden können. Es ist derzeit schwierig, Personal in ausreichender Menge, mit guter Qualifikation und an der passenden Stelle einzusetzen. Teamarbeit ist nicht automatisch eine Garantie für gute und produktive Arbeitsergebnisse und für ein konstruktives Miteinander in einer Kita. Sind Teams ungünstig zusammengesetzt, können sie zu einer nahezu unlösbaren Führungsaufgabe für eine Leitung werden. Die qualitativen Defizite, die fehlenden Schlüsselqualifikationen von Mitgliedern und/oder eine schlechte Motivation in der Tätigkeit können die Leitung eines Teams schwerer gestaltbar machen.

Wichtig!

Die Betrachtung eines Kita-Teams kann auf verschiedenen Ebenen stattfinden. Zunächst sind die einzelnen Mitglieder wichtig, und wie sie miteinander in Interaktion treten. Es kann analysiert werden, welche Untergruppen es gibt und ob diese konstruktiv im Sinne des Ganzen zusammenwirken oder miteinander konkurrieren und gegeneinander arbeiten. Einzelne Mitglieder haben unterschiedliche Rollen, und dabei gilt es zu überprüfen, ob diese freiwillig eingenommen oder zugeschrieben wurden und ob sie der beruflichen und persönlichen Weiterentwicklung dienen. Normen in einem Kita-Team sollten ebenso wie die Werte transparent abgestimmt worden sein, denn sie beschreiben das erwartbare Verhalten der Teammitglieder. Sind diese Erwartungen nicht kommuniziert und von allen akzeptiert worden, kommt es zu Störungen. Die gemeinsame Aufgabe und das Kennen des Warum der Tätigkeit erbringen eine gemeinsame Identität, einen Zusammenhalt und die Stabilität eines Teams. Bei personellen Veränderungen müssen diese Ebenen stets neu betrachtet werden. Das macht Teamarbeit in Zeiten von Personalmangel und hoher Fluktuation in Kitas anspruchsvoll und herausfordernd. Der Erfolg oder Misserfolg eines Teams muss immer auch im Rahmen der Organisation, in die es eingebunden ist, also bezüglich der Rahmenbedingungen, die der Träger vorgibt, betrachtet werden, und ob diese unterstützend für das Kita-Team wirken.

Positive Synergien in Kita-Teams nutzen

Positive Synergien entstehen, wenn Aufgaben so verteilt werden, dass sie den Fertig- und Fähigkeiten der einzelnen Mitglieder entsprechen. Meist gibt es in den Teams Mitglieder mit unterschiedlichem Aus- und Weiterbildungsstand sowie verschiedenen persönlichen Stärken und Interessen.

Eine Erzieherin ist zum Beispiel versiert in der Gestaltung des Außengeländes gemeinsam mit den Kindern und leitet tolle Projektgruppen unter Einbezug der Elternschaft. Eine andere Kollegin sorgt durch ihre Weiterbildung in Psychomotorik für interessante Angebote in der Bewegungslandschaft der Kita. Dabei können andere Teammitglieder am Modell lernen und nach und nach auch entsprechende Aufgaben übernehmen.

Wenn positiv auf die Stärken jedes Mitglieds eingegangen wird, können auch Hemmnisse oder negative Synergien überwunden werden, neben dem Umstand, dass das positive Modell auf qualitative Schwächen ausgleichend wirken kann. Mitglieder, die wenig Eigeninitiative aufbringen oder sich nicht konstruktiv im Sinne des Zusammenwirkens des Teams verhalten, sollten identifiziert werden, denn sie können auf Dauer auch die Motivation der anderen schwächen. Der Informationsfluss in Teams sollte zielführend sein, sodass jedes Mitglied das für die Teamarbeit Wesentliche seiner individuellen Kompetenzen an andere vermittelt.

Die Schnittstellen in der Zusammenarbeit eines Teams müssen bekannt sein, ebenso, wer welche Informationen von wem benötigt, damit jedes Mitglied seinen Teil der Arbeit gut machen kann. So wird die Mitarbeiterin, die im Außengelände Projekte unter Einbezug von Kindern und Eltern anleitet, sich immer auch mit ihren Kolleginnen und Kollegen in der Zusammenarbeit und mit ihrer Leitung im Hinblick auf die Planung, Umsetzung und Beantragung von Mitteln abstimmen müssen. Andernfalls führen Koordinationsverluste zu einer Verschlechterung der Qualität. Konflikte sollten schnell behoben werden, da sie die Arbeitsatmosphäre beeinträchtigen und die Produktivität sowie meist auch die Qualität der Arbeit verschlechtern. **Eine gute Teamführung beinhaltet, dass positive Synergien verstärkt und negative reduziert werden** (vgl. Becker 2016, 5–22).

1.1 Teampflege

Unter der Voraussetzung, dass ein Kita-Team gut zusammengesetzt ist, dass das Team eine gute Stabilität und Identität aufweist und eine konstruktive Kommunikations- und Konfliktkultur gepflegt wird, kann sich jedes Mitglied der beruflichen und persönlichen Weiterentwicklung widmen, die im Gesamten zu einer guten Arbeitsproduktivität und Zufriedenheit mit den erzielten Ergebnissen gelangt. Dabei ist wichtig, dass sich Erzieherinnen und Erzieher und auch die Leitungen im Hinblick auf ihre Fachkompetenzen in Form von Fort- und Weiterbildungen und gezielter Projektarbeit entwickeln können. Neben dem Fachwissen und den praktischen Handlungskompetenzen gilt es, die sozialen und kommunikativen Schlüsselqualifikationen zu fördern und zu pflegen und selbstständig sowie gut organisiert zu arbeiten.

Der Zusammenhalt in einem Team, der nur durch eine hohe Zufriedenheit der Mitglieder entstehen kann, steigert die Teamzufriedenheit, das Vermögen an Partizipation, die Produktivität und Qualität der Leistungen und verhindert Fluktuation oder innere Kündigung.

Praxistipp: Maßnahmen für die Teampflege

Zentral für die Teampflege ist, genügend Zeit für Gespräche und für den Austausch vorzuhalten, denn dadurch entsteht eine persönliche Nähe und ein besseres Verständnis füreinander. Auf der Basis einer guten alltäglichen Kommunikation kann die Leitung im Störungs- und Konfliktfall ausgleichen und Schwierigkeiten lösungsorientiert anpacken.

Teamtage oder Konzeptionstage können dem gezielten Austausch innerhalb des Teams gewidmet sein und Übungen und Spiele für den Kontakt miteinander enthalten.

Teamerfolge sollten gewürdigt und gefeiert werden. Die Betonung von Gemeinsamkeiten und die gegenseitige Wertschätzung und Anerkennung der individuellen Stärken jedes Teammitglieds sind fördernd für das Gesamte. Neben einem guten Wir-Gefühl entsteht auch ein anerkanntes Ich für jedes Mitglied. Die Aufgabenerfüllung sollte attraktiv und motivierend sein.

Der konstruktive Wettbewerb mit anderen Teams kann bei leistungsorientierten Teams die Produktivität und Qualität der Arbeitsergebnisse steigern. Es gibt interessante regionale und überregionale Förderprojekte mit Preisgeldern für innovative Kita-Arbeit.

Das Warum der Tätigkeit kennen

Wenn ein Team das Warum seiner Tätigkeit kennt und damit den übergeordneten Sinn, wird es sich an den gesetzten Zielen orientieren und zuverlässig zusammenarbeiten. Das Warum besteht für viele in der Förderung von Vielfalt und der Interessen der Kinder und Eltern sowie in Bezug auf soziale Werte in einer Gemeinschaft.

Konflikte auf der Sachebene sind zielführend und verbessern in der Regel die Qualität der Arbeit, weil sich intensiv mit ihr auseinandergesetzt wird. Auf der Beziehungsebene führen Konflikte allerdings meist zu einer Verschlechterung der Zusammenarbeit und sind nicht immer lösbar. Wachsen sie zu chronischen Konflikten aus, ist der Zusammenhalt im Team kaum mehr gegeben.

Praxisübungen zur Kontaktpflege in Kita-Teams

Auflockern und Warming-up

Material: Dosenstelzen

Mit Stelzen aus Dosen muss ein Parcours bewältigt werden. Eine zweite Person gibt auf dem Weg Hilfestellungen.

Murmelbild

Material: Murmeln/Flüssig-Farbe/Papier

In Kleingruppen oder im gesamten Team wird ein Murmelbild zu entspannender Musik hergestellt. Dabei tauchen die Teammitglieder Murmeln in Farbe und lassen diese über Papier rollen.

Dosenwerfen

Material: Dosen/weicher, kleiner Ball

Aus Dosen werden Pyramiden gebaut und abgeworfen. Es können zwei oder mehrere Kleingruppen in einen Wettkampf eintreten.

Wolke und Sonne

Material: 1 gelber Luftballon/1 blauer Luftballon/1 großes, blaues Tuch

Ein weißer (Wolke) und ein gelber (Sonne) Luftballon werden auf einem großen, blauen Stück Stoff (Himmel) zu fetziger Musik so bewegt – in die Luft geworfen und wieder aufgefangen – dass sie nicht aus dem Himmel heraus purzeln. Alle Teammitglieder halten das Tuch am Rand fest.

Selbst- und Fremdwahrnehmung

Gemäß dem Spielablauf des bekannten Spiels „Ich sehe was, was du nicht siehst" wird der Satz in „Ich sehe wen, den du auch siehst" verwandelt. Dabei beschreibt ein Teammitglied Stärken einer anderen Person und die anderen Teammitglieder raten, wer gemeint ist.

Stärkung der Körperwahrnehmung

Material: Igelball

Als Entspannungs- und Körperwahrnehmungsübung rollen sich Teammitglieder (am besten nach einer Aktion) gegenseitig mit einem Igelball ab: Erst genießt Person A, danach Person B.

Zauberei

Ein Teammitglied ist ein Zauberer, der die anderen Mitglieder fangen muss. Sobald er eine Person berührt, erstarrt diese zu Eis und darf sich bis zum Spielschluss nicht mehr bewegen. Wer zuletzt eingefroren wurde, ist der neue Zauberer bei einer weiteren Spielrunde.

Spiegel

In einer Zweiergruppe macht eine Person Bewegungen langsam vor. Die zweite Person macht die Bewegungen wie in einem Spiegel mit.

Wünsche und Geschichten

Jedes Teammitglied sitzt in einem Kreis und legt eine Hand auf die Herzgegend. Gemäß dem Spielablauf von Flüsterpost (Stille Post) wird ein Herzenswunsch von jedem Teilnehmer in die Runde geschickt.

Unsere Geschichte

Material: Bildkarten

Die Teammitglieder sitzen in einem Kreis. In der Mitte sind mit der Abbildung nach unten verschiedene Bildkarten ausgelegt. Unter einem bestimmten Motto wird eine Kreisgeschichte erzählt. Dazu dreht die erste Person eine Karte um und startet mit einer Assoziation zur Abbildung die Geschichte. Die rechts (links) danebensitzende Person setzt diese mit dem Umdrehen der nächsten Bildkarte fort. Auf diese Weise wird die Geschichte so lange reihum weitergeführt, bis alle Bildkarten umgedreht sind. Mit dem Motto der Geschichte, zum Beispiel „Unsere Teamwunsch-Geschichte“, kann die Spielleitung die Zielrichtung vorgeben.

Schuhplattler

Die Teammitglieder stehen so, dass sie die Spielleitung gut sehen können. Diese macht einen Schuhplattler-Tanzablauf vor:

In beide Hände klatschen
Rechte Hand auf linkes Knie schlagen
Linke Hand auf rechtes Knie schlagen
In beide Hände klatschen
(Bei einer schwierigeren Variante schlägt zudem die rechte Hand auf die linke Schuhsohle und dann die linke Hand auf die rechte Schuhsohle.)

Wenn der Bewegungsablauf eingeübt ist, erhält das Team die Aufgabe, einen passenden Schuhplattler-Vers selbst zu kreieren (falls die Leitung die Zielrichtung vorgeben möchte, kann sie den Vers unter ein bestimmtes Motto, zum Beispiel „Unser Krafttank-Schuhplattler-Vers“, stellen).

Traum-Team

Material: Papier (DIN A4)

Jedes Teammitglied malt auf ein Stück Papier seinen Teamtraum oder sein Traumteam. In einem Austausch im gesamten Team erzählt jeder von seinen Träumen.

1.2 Teamcharaktere

Ein Kita-Team besteht aus mehreren Mitgliedern mit jeweils eigenen, unverwechselbaren Persönlichkeiten. Manche stehen sich näher, andere weniger, einige verweilen länger im Team, während andere (schnell) wieder gehen. Unter *Charakter* kann das Denken, Fühlen und Verhalten einer Person verstanden werden. Er hat sich aufgrund von Erfahrungen entwickelt und geprägt. Der Charakter wird kaum einseitig sein, sondern verschiedene Anteile und Facetten vorweisen, aber bei einigen Personen sind bestimmte Seiten besonders ausgeprägt. Jeder Mensch hat für sich Strategien entwickelt, mit denen er seine Welt gestaltet. In einem Team ist wichtig, dass insgesamt „die Chemie stimmt" und dass Konflikte und Krisen konstruktiv bewältigt werden. **Es muss gemeinsame Teamziele, Absprachen und Spielregeln geben, die von allen verfolgt und eingehalten werden.**

Der Charakter zeigt sich im Konflikt meist stärker als in ausgeglichenen Zeiten. Heiko Hansen beschreibt „12 Apostel eines Charakters", die Hintergründe der Motivation und Emotionen sowie individuelle Denkmuster und Verhaltensweisen einer Person darstellen. Das ist zum Beispiel die Identität mit eigenen Werten, Glaubenssätzen und Motiven und daraus resultierenden Handlungen, die zum Teil, widersprüchlich sein und zu inneren Konflikten mit meist einer Hauptemotion, wie zum Beispiel Angst, führen können. Jedes Teammitglied richtet seine Wahrnehmung auf ihren Nutzen und sucht nach Bestätigung. Andere oder widerstrebende Informationen werden zunächst verdrängt. In einem Konflikt ist naheliegend, dass man ihn zunächst vermeiden möchte, um unangenehmen Gefühlen auszuweichen. Jedes Teammitglied wird dabei unterschiedliche Abwehrstrategien aufweisen. Bei tieferer Betrachtung und Auseinandersetzung erkennt es jedoch die eigenen emotionalen und mentalen Stärken als gute Ressource, um Konflikte zu bewältigen. Hier liegt das Entwicklungspotenzial der Person und in der Zusammenarbeit auch die des Teams (vgl. Hansen 2014, 54).

Hansen hat **neun Charaktere** in Teams ermittelt, die im Hinblick auf die zwölf Apostel unterschiedlich agieren. Es wird hier eine Zusammenfassung mit dem Fokus des Potenzials zur Weiterentwicklung aufgezeigt:

Charaktere	
Die Individualistin / Der Individualist	Persönlich entwickelt sind Individualisten sensibel für Stärken und Lösungen und halten ihre positiven und negativen Gefühle in Balance. Sie zeigen das Besondere an einer Situation oder einer Person auf und haben ausreichend Charisma, um andere zu überzeugen.
Die Macherin / Der Macher	Persönlich entwickelt und mit Zugang zu ihren Gefühlen können Macher ihre Beziehungen und Leistungen ehrlich einschätzen und beurteilen. Sie zeigen Optimismus, Zuversicht und Freundlichkeit.
Die Helferin / Der Helfer	Persönlich entwickelt können Helfer sich positiv auf andere einstellen und an Lösungen mitarbeiten. Sie können zwischen echter Hilfe und der, die die Abhängigkeiten fördern will, unterscheiden. Sie sind großzügig, empathisch, anpassungsfähig und offen.
Die Perfektionistin / Der Perfektionist	Persönlich entwickelt können Perfektionisten auch mal loslassen und sich in Gelassenheit üben sowie tolerant sein und andere anerkennen. Dann sind sie besser in sich selbst und in einem Team integriert.
Die Friedliebende / Der Friedliebende	Persönlich entwickelt weisen Friedliebende ein gutes Verständnis für die Interessen aller Teammitglieder auf sowie eine gute Empathie. Werden sie aktiv in der Gestaltung ihres Arbeitslebens, können sie gut als Mentoren agieren.
Die Kämpferin / Der Kämpfer	Persönlich entwickelt verfügen Kämpfer über Großmut und Nachsicht und können gut als Mentoren agieren. Sie können auch Schwächen zugeben und Empathie und Verständnis für andere aufbringen.
Die Optimistin / Der Optimist	Persönlich entwickelt können Optimisten Rücksichtnahme zeigen und ihren Fokus darauf, das Beste aus einer Situation zu machen, ausrichten. Sie können sich auf eine Sache konzentrieren, halten die eine oder andere schwierige Situation aus und stehen auch einmal einen Konflikt durch.
Die Skeptikerin / Der Skeptiker	Persönlich entwickelt verfügen Skeptiker über große Ausdauer und Zuverlässigkeit. Sie achten auf Details und gehen strukturiert vor. Ihnen ist die Qualität der Arbeit wichtig. Wenn sie ein gutes Selbstbewusstsein aufweisen, sind sie entschlossen und mutig. Sie haben Zugang zu ihren Gefühlen und zu ihrer Intuition.
Die Beobachterin / Der Beobachter	Persönlich entwickelt haben sie eine gute Gabe der Beobachtung, Argumentation und Vorstellungskraft. Wenn sie Zugang zu ihren Gefühlen und zu denen der anderen haben, sind sie auf der Beziehungsebene offen. Sie zeigen Profil und gewinnen an Einfluss.

Wichtig!

Will die Leitung mehrere Charaktere in einem Team fördern, ist es gut zu wissen, was die Stärken des jeweiligen Charakters in Bezug auf das Verhalten im Team sind.

Individualisten mögen besondere Teams mit innigen Beziehungen und inspirierender Teamarbeit.
Macher mögen das Streben nach Erfolg und die Identifikation mit Aufgaben. Sie konzentrieren sich auf Projekte und übernehmen Verantwortung.
Helfer mögen Teams, die mit gegenseitiger Wertschätzung agieren, und sie unterstützen und beraten andere gerne.
Perfektionisten mögen hohe Qualitätsstandards, Konsequenz und Verlässlichkeit. Bei Projekten entwickeln sie hohe Motivation und Energie.
Friedliebende mögen harmonische Teams und Toleranz, durch die jeder akzeptiert wird, wie er ist. Teamrituale sind ihnen wichtig. In der Aufgabenerfüllung können sie priorisieren.
Kämpfer mögen starke Teams, die sich auch einmal durchsetzen. Sie sind loyal und wollen, dass man sich gegenseitig bestärkt.
Optimisten mögen Teams mit unterschiedlich kreativen Personen. Projektarbeit und abwechslungsreiches Arbeiten sind ihnen wichtig.
Skeptiker mögen Orientierung, Klarheit und Verlässlichkeit in Teams. Sie setzen sich für das Team ein.
Beobachter mögen forschende Teams, die ihr Wissen erweitern. Sie verfügen über eine gute Qualität in Expertengruppen.

1.3 Teamklima

Auch wenn eine Kita meist kein Wirtschaftsunternehmen ist, verlangt die Aufgabenerfüllung umfangreiche Kompetenzen in den Bereichen strategische Gesamtausrichtung, Steuerung und Organisation.

„Wer leichtfertig sagt: ‚Hier geht es ja zu wie im Kindergarten!‘, weiß nicht, was für eine herausfordernde Aufgabe es ist, einen Kindergarten zu managen“ (A. Lienhart in Mannhard 2018 a,5). Für die Teamführung und das Teamklima bedeutet dies, dass unterschiedliche Interessen moderiert werden, dass Absprachen eingehalten und dass Spielregeln eingefordert werden müssen. Es geht um gegenseitige Wertschätzung und um Respekt, ebenso wie darum, dass das Vertrauen ineinander begründet ist.

„Kinder sind die besten Coaches überhaupt. Warum? Weil sie verlangen, komplexe Themen auf das Einfachste herunterzubrechen und auf den Punkt zu bringen. Sie fordern Verständlichkeit ein und Präsenz. Zudem haben Kinder die allerfeinsten Antennen für echt oder unecht. All diese Qualitäten sind in Wirtschaftsunternehmen gefragter denn je. Nicht umsonst finden Führungstrainings in Kindertageseinrichtungen, wo Manager ihre eigenen Führungskompetenzen in der praktischen Arbeit mit Kindern reflektieren und erweitern, immer mehr Anklang“ (A. Lienhart in Mannhard 2018 a,5). Lienhart zieht einen interessanten Vergleich, der auch auf pädagogische Teams anwendbar ist. Es geht vielfach um Zugehörigkeit und darum, wer „mitspielen darf“ oder nicht. Es geht um Fragen der Verantwortung: „Ich kann nichts dafür, der andere ist schuld!“ Es geht um Fragen wie: „Was ist gerecht oder ungerecht?“ und „Wer hat Vorteile, die andere benachteiligen?“ Manche Teammitglieder bringen ihre

Anliegen mit großer Durchsetzungskraft voran, anderen fällt es schwer, für sich selbst einzustehen. Eine Gruppe ist nicht gleichermaßen ein Team, sondern es müssen einige Faktoren erfüllt sein, damit aus einer Gruppe ein Team wird: das Verfolgen eines gemeinsamen Ziels, eine klare Rollen- und Aufgabenverteilung, verbindliche Spielregeln und die Berücksichtigung von Veränderungen.

„Unter einem Team versteht man eine Gruppe von Menschen, die in einem definierten und organisierten Arbeitsprozess ein gemeinsames, allen bekanntes Ziel verfolgen, wobei alle Teammitglieder beteiligt sind und Verantwortung für das Ergebnis tragen. Als ideale Teamgröße gelten vier bis acht Mitglieder. In Kitas finden sich Teams auf unterschiedlichen Ebenen. Alle Mitarbeiter zusammen bilden das Kita-Team. Dazu gehören die Leitung und die pädagogischen Fachkräfte, aber auch andere Beschäftigte, z. B. aus der Verwaltung, dem hauswirtschaftlichen Bereich oder externe Fachkräfte und Ehrenamtliche. Zusätzlich formen die Erzieher und Erzieherinnen der einzelnen Gruppen kleinere Gruppenteams. Je nach Größe der Einrichtung kann es sinnvoll sein, innerhalb des Gesamtteams Projektteams mit optimaler Mitgliederzahl zu formen, die bestimmte Aufgaben erledigen." (Lindner 2016, 9)

Wichtig!

Die **Teamentwicklung** durchläuft verschiedene Phasen.

Zunächst bildet sich das Team, es setzt sich aus den verschiedenen Mitgliedern zusammen (*Formingphase*). In dieser Zeit sind Erwartungen und Motivation hoch und es erfolgt ein erstes, aber noch zurückhaltendes gegenseitiges Abtasten. Diese Zeit ist geprägt von Unsicherheit und Rollenfindung und endet mit einem ersten Teamgefühl.

Nach dieser Phase gibt es in aller Regel eine Zeit, die von Konfrontation und Konflikten geprägt ist (*Stormingphase*). Es kann heftige Widerstände beim Ausbilden der Rollen und bei der Aufgabenverteilung geben. Es können sich Koalitionen bilden, die sich unter anderem auch gegen die Leitung richten. Manchmal lassen Teams die Formingphase aus und steigen gleich in die Stormingphase ein, weil sie unbewältigte Konflikte aus der Vergangenheit haben oder weil nicht alle Mitglieder freiwillig Teil des Teams sind. Auch später können Teams bei personellen Veränderungen immer wieder in diese Phase zurückfallen.

Werden die verschiedenen Standpunkte geklärt, Rollen und Zuständigkeiten gegenseitig akzeptiert, beginnt die *Normingphase*. Es bilden sich Teamstrukturen aus, eine Teamidentifikation und eine gemeinsame Identität beginnen sich zu festigen. Die Motivation Einzelner kann nach wie vor indifferent sein, und die weiteren Entwicklungen hängen davon ab, ob dies Ausnahmen sind oder die Mehrzahl der Fälle. Je mehr Mitarbeiter anhaltend schlecht motiviert sind, desto schwieriger wird die weitere Teamentwicklung. Die Normierung ist eine Voraussetzung dafür, dass ein Team von der Pflicht in die Kür kommt und leistungsfähig wird. Die Mitglieder des Teams wenden sich dann von Streitigkeiten und Reibereien ab und widmen sich gezielt ihren Aufgaben. Der Zusammenhalt wächst und die Arbeitsatmosphäre ist positiv. Besteht ein Team länger, kann mit der Zeit aber wieder die Leistungsfähigkeit abnehmen und es kommt in eine *Alterungsphase*.

Bei Projektgruppen in der Forschung hat sich ein Leistungsmaximum zwischen 1,5 und 5 Jahren gezeigt (vgl. Becker 2016, 77). Teams mit absteigendem Leistungsniveau leiden an fehlender Kreativität und Innovationsfähigkeit. Festgefahrene Einstellungen und Verhaltensweisen werden nicht mehr hinterfragt und reflektiert. Das Team beschäftigt sich wieder mehr mit seinen zwischenmenschlichen Beziehungen anstatt vor allem mit der Qualität der Aufgabenerfüllung. Bei Projektteams steht am Ende die *Auflösungsphase*. Pädagogische Teams, die öfter personelle Veränderungen aufweisen und selten mehrere Jahre konstant in ihrer Zusammensetzung bleiben, befinden sich oft parallel in allen Teamphasen gleichzeitig, was für die Teamführung und das Aufrechterhalten einer guten Arbeitsatmosphäre eine Herausforderung darstellt.

Praxistipp: Der Alterungsphase vorbeugen

Die Teampflege ist wichtig, um den Zusammenhalt zu stärken, und es sollte ein Konsens über Ziele und Prioritäten bestehen. Das Lernen eines Teams hängt mit der Leistungsfähigkeit zusammen. Wer nicht lernen möchte, verhindert Weiterentwicklung. Zu festgefahrene Rollen und Zuständigkeiten können durch Rotation von Mitgliedern aufgebrochen werden. Wenn Personen gleichzeitig mehreren Unterteams angehören, lernen sie in einem Austausch neue Ideen kennen und schätzen. Gute Kommunikation in einem Team kommt der Lern- und Leistungsfähigkeit zugute. Für die Alterungsphase können Teammitglieder durch Fort- und Weiterbildungen oder entsprechende Trainings sensibilisiert werden. Zentral für eine gute Motivation ist der Glaube an die Macht des Teams und daran, (miteinander) etwas bewirken zu können. Hingegen verhindert Fehlerintoleranz – im Team, von Vorgesetzten oder von Seiten des Trägers – Lernfreundlichkeit und Innovation und die Motivation für Leistung nimmt ab. Dies gilt auch, wenn ein Klima von Ungerechtigkeit herrscht, oder wenn ein Team von außen immer wieder angegriffen wird.

Praxisübung: Teamprobleme erkennen

Wenn in einem Kita-Team größere Probleme an der Tagesordnung sind, diese länger anhalten und sich keine Klärung und/oder Verbesserungen abzeichnen, kann dies zu einer erheblichen Belastung für alle werden und das Teamklima nachhaltig schädigen.

Es lohnt sich, die (fünf) Hauptprobleme zu analysieren. Mithilfe eines Fragebogens kann ermittelt werden, was sich verändern muss, damit das Zusammenwirken des Teams verbessert werden kann. Es kann ebenfalls ausgewertet werden, was die Teamleitung und/oder der Träger dazu beitragen können. Und es geht auch um jedes einzelne Mitglied, was dieses verändern kann, damit sich die Zusammenarbeit im Team verbessert. Es ist wichtig, auch sich selbst zu hinterfragen, ob man eigenverantwortlich bereit ist, an Lösungen mitzuarbeiten. Interessant ist, wenn alle Teammitglieder unabhängig voneinander die Einschätzungen ausfüllen:

Fragen zur Reflexion: Teamprobleme erkennen

	Ja	Nein
Wir machen vor allem Dienst nach Vorschrift.	☐	☐
Wir haben (ungelöste) zwischenmenschliche Konflikte untereinander.	☐	☐
Mehrere Mitglieder haben private Probleme, die sie (stark) in die Arbeit einbringen.	☐	☐
Wir interessieren uns nicht wirklich füreinander.	☐	☐
Unsere Aufgaben sind zu unterschiedlich.	☐	☐
Unsere Interessen sind zu unterschiedlich.	☐	☐
Wir haben als Team keine Disziplin.	☐	☐
Wir haben als Team kein Durchhaltevermögen.	☐	☐
Wir fühlen uns für die Aufgaben nicht ausreichend aus- oder fortgebildet.	☐	☐
Wir haben zu wenig Gestaltungsspielraum.	☐	☐
Wir haben Angst, Fehler zu machen und vor negativen Konsequenzen.	☐	☐
Wir können uns nicht auf pädagogische Grundsätze einigen.	☐	☐
Wir misstrauen uns.	☐	☐
Wir können (miteinander) schwer Entscheidungen treffen.	☐	☐
Wir kommunizieren nicht wertschätzend miteinander.	☐	☐
Wir kommunizieren zu wenig.	☐	☐
Wir haben keine starke (oder fördernde) Teamleitung.	☐	☐
Es fehlt uns an Orientierung.	☐	☐
Es fehlt uns an einem Warum und übergeordneten Sinn in der Tätigkeit.	☐	☐
Wir halten uns nicht verbindlich an Absprachen und Spielregeln.	☐	☐
Wir haben zu viel Cliquenbildung oder Geklüngel im Team, sodass der Gesamtzusammenhalt fehlt.	☐	☐
Wir können (negative) Gefühle schlecht steuern.	☐	☐
Wir können über Gefühle nicht miteinander reden.	☐	☐
Wir bringen zu wenig gegenseitige Wertschätzung und Anerkennung auf.	☐	☐
Wir sind gegenseitig zu wenig dankbar, was jede/r Einzelne leistet.	☐	☐
Wir sind inkonsequent und tun nicht das, was wir sagen.	☐	☐
Wir haben zu viel Personalwechsel oder -mangel.	☐	☐
Wir haben vermehrt Krankheitsausfälle (und ständige Vertretungen).	☐	☐
Wir fühlen uns vom Träger nicht ausreichend unterstützt.	☐	☐
Wir freuen uns zu wenig aneinander.	☐	☐
Wir freuen uns zu wenig an der Arbeit.	☐	☐
Wir suchen gerne Schuldige und erkennen zu wenig unsere eigenen Anteile bei Problemen.	☐	☐

(Selbst-)Reflexion zur Verbesserung des Teamklimas (1/2)

Wenn Probleme in einem Kita-Team und die Ressourcen durch Potenziale erkannt wurden, kann sich zunächst jedes Teammitglied für sich Gedanken zu den nachfolgenden Reflexionsfragen machen und eigene Antworten finden. Anschließend können die Fragen und Antworten im Team ausgetauscht werden. Die gemeinsame Basis, die sich dabei herauskristallisiert, ist Grundlage für das Aufstellen von Zielen, also: worauf sich das Team zur Verbesserung des Teamklimas zukünftig konzentrieren möchte:

Welche biografischen Erfahrungen beeinflussen mich in meiner Arbeit?

Wie erlebte ich meine eigene Kindergartenzeit?

Was hat mich in der Ausbildung zum Erzieher/zur Erzieherin am meisten geprägt?

Gibt es frühere Prägungen oder Erfahrungen, die meine Arbeit und das Setzen neuer Ziele behindern und von denen ich mich befreien möchte? Falls ja, was würde mir dabei helfen?

Wie gestalte ich die Arbeitszeit und Arbeitspausen im Hinblick auf die Teamarbeit?

Welche Verbesserungen könnte ich meinen Tagesablauf betreffend und in der Struktur meiner Arbeit vornehmen?

Finde ich bei meinen Kollegen und Kolleginnen genug Unterstützung in stressigen Zeiten?

Fühle ich mich im Team anerkannt?

Erlebe ich Selbstwirksamkeit und Wertschätzung?

Mit welchen Kollegen und Kolleginnen möchte ich meine berufliche Beziehung verbessern?

Was macht für mich eine gute Arbeitsatmosphäre aus?

(vgl. Mannhard 2018b)

(Selbst-)Reflexion zur Verbesserung des Teamklimas (2/2)

Welche beruflichen Vorbilder habe ich?

Welche persönlichen Werte verfolge ich in meiner Arbeit?

Welche beruflichen Ziele möchte ich in nächster Zeit erreichen? Was würde mir dabei helfen?

Welche persönlichen oder beruflichen Kompetenzen möchte ich erweitern?

Kann ich meine Kollegen und Kolleginnen anerkennen und wertschätzen?

Kann ich von jedem Teammitglied mindestens zwei persönliche Stärken benennen?

Wie erlebe ich, dass meine Arbeit einen Sinn hat? Wodurch könnte ich (noch) mehr Erfüllung erleben?

Was kommt aus meiner Sicht in der Teamarbeit zu kurz?

Welche (falschen) Erwartungen möchte ich loslassen?

Welche beruflichen Entscheidungen möchte ich in nächster Zeit treffen?

Welche Vision habe ich für dieses Team?

Welche innere Haltung hilft mir, diese Vision zu pflegen?

Welche Ressourcen stehen zur Verfügung, um die Vision zu leben, oder welche könnten erarbeitet werden?

(vgl. Mannhard 2018b)

Praxistipp: Teampotenziale erkennen

Von der Teamleitung einzeln befragt, kann jedes Mitglied fünf Aspekte von Teamstärken benennen, ebenso das, was das Team aus seiner Sicht fachlich und charakterlich ausmacht. Darüber kann sich dann später im Team ausgetauscht werden. Daraus können im Plenum konkrete Ziele und Handlungsschritte abgeleitet werden, wie das Team seine Potenziale erweitern kann.

Praxisübung: Team-Zukunftscollage

Material: verschiedene Zeitschriften/bunte Stifte/Klebstoff/großformatiges Papier

Die Antworten der vorangegangenen Reflexionsfragen werden anschaulich in Form einer Collage gestaltet, präsentiert und ausgetauscht. Für die Collage werden verschiedene Zeitschriften in Hülle und Fülle, viele bunte Stifte und Kleber sowie ein großformatiges Papier, auf das aufgeklebt wird, benötigt.

Schritt 1

Das Team setzt sich damit auseinander, welche Antworten auf die Reflexionsfragen hinsichtlich der Teamzusammenarbeit mit dem Fokus auf das letzte Jahr gefunden wurden:

Welche schönen Seiten gab es?
Wodurch wurde die Zusammenarbeit erschwert?
Welchen Belastungen sahen sich die Mitglieder ausgesetzt?
Wo hatten die Teammitglieder fördernde Ideen und Handlungsansätze?
Wo traten falsche Erwartungen oder Vorschläge auf, die sich als nicht brauchbar erwiesen?
Welche konkreten Gedanken, Richtlinien, Leitbilder, Dinge oder Handlungen würden eine Verbesserung des Teamklimas erwirken?
Welche Ziele können dafür angepasst, verändert oder (neu) abgeleitet werden?

Schritt 2

Das Team tauscht sich im Brainstorming darüber aus, was es miteinander in einem Jahr erreicht haben möchte.

Schritt 3

Nun geht es ans Werk: Die Ziele aus dem Brainstorming werden priorisiert von „sehr wichtig“ bis „weniger wichtig“. Die wichtigen Ziele, auf die sich das Team einigt, werden als Collage aufgeklebt, bemalt und beschriftet.

Nur Ziele, die sich gut für alle anfühlen und die eine wichtige Bedeutung für die Verbesserung des Teamklimas haben, kommen auf die Collage. Wenn das Bild an einen für alle sichtbaren Ort gehängt wird, zum Beispiel in den Personalraum, bleibt präsent, was das Team gemeinsam erreichen möchte. Zudem kann die Collage immer dann als Leitbild hinzugezogen werden, wenn das Team an der Umsetzung konkreter Schritte und an einer übergeordneten Team-Vision arbeitet (vgl. Mannhard 2018a).

1.4 Teammotivation

Mehr als die extrinsische Motivation, also von außen vorgegebene Inhalte und Zielrichtungen, trägt die intrinsische Motivation. Aus dieser heraus verfolgt ein Teammitglied eigene Interessen, die es begeistern und ihm eine Befriedigung in der Aufgabenerfüllung geben.

Commitment meint Verbindlichkeit, Verpflichtung und Festlegung, aber auch Hingabe, Zusage und Versprechen, in diesem Fall ein Versprechen an sich selbst, aber auch an die Zusammenarbeit in einem Team. Dieses Versprechen beinhaltet, die eigenen Prinzipien in die Tat umzusetzen.

Das Commitment setzt sich aus folgenden Teilen zusammen:

Was werde ich tun?
Wie viel Zeit nehme ich mir dafür?
Warum ist mir wichtig, das zu tun?

Diese Fragen kann sich jedes einzelne Teammitglied stellen, sie sollten aber die Teamarbeit betreffend immer auch miteinander ausgetauscht und abgestimmt werden.

Eine positive Verbindung in einem Team steigert die Motivation. Im Alltag der Zusammenarbeit stellen wir aber immer wieder fest, dass wir uns gar nicht so sehr darum kümmern, diese Verbindung zu pflegen. Oft sehen wir den Mangel mehr als das, was bereits vorhanden ist. Auf diese Weise kommen wir nie da an, dass wir uns mit dem Gegebenen wohlfühlen können. Wir meinen, nie gut genug zu sein oder nie genug geleistet zu haben. **Besonders wichtig für die Teammotivation ist eine gelebte, fehlerfreudige Kultur, innerhalb derer Teammitglieder für Fehler nicht verurteilt oder abgestraft werden, sondern aus ihnen lernen können.**

Es geht nicht darum, schlechte Dinge schönzureden, die natürlich hinsichtlich einer Veränderung zum Besseren zuerst analysiert, identifiziert und angegangen werden müssen. Wenn Unkraut im Garten steht, das alles andere überwuchert, können wir uns nicht einreden, dass wir einen gepflegten Blumengarten haben. Wir richten dann den Blick auf das Unkraut <u>und</u> die Blumen. Wir wissen, es wird immer wieder Unkraut geben, das wir entfernen müssen, aber es gibt auch die schönen Blumen, die in unserem Garten wachsen. Dadurch erkennen wir Hemmnisse, Hindernisse und Gefahren gleichermaßen ebenso wie wir handlungs- und entscheidungsfähig werden, um Gutes zu pflegen und Neues zu entwickeln. Wir schauen, was bereits vorhanden ist und unser Arbeitsleben zufriedenstellend macht, und wir gehen die Dinge an, die verbessert werden sollten.

Kleine Geschichte mit großer Botschaft

„Eines Tages hört der afrikanische Bauer Al Hafed zum ersten Mal in seinem Leben etwas über Diamanten. Ein weiser Priester erzählt ihm von anderen Bauern, die reich wurden, nachdem sie Diamantenminen entdeckt hatten. (...) Der Bauer entschied sich, seinen Bauernhof zu verkaufen, um selbst nach Diamanten zu suchen. Den Rest seines Lebens wandert Al Hafed auf der Suche nach Minen durch Afrika. Erfolglos. Mit erschöpftem Körper und gebrochenem Geist gibt er seine Suche verzweifelt auf und ertränkt sich schließlich im Meer. Zurück zum Bauernhof, den der Bauer verkauft hatte: Eines Tages führt der neue Besitzer sein Kamel an einen flachen Bach auf dem Hof. Überrascht entdeckt er auf dem Grund des Rinnsals etwas Glänzendes. Er greift ins Wasser und hält einen schwarz funkelnden Stein in der Hand, den er mit nach Hause nimmt und auf seine Kaminplatte legt. Ein paar Tage später kommt der weise Priester zu Besuch, weil er den Nachfolger von Al Hafed kennenlernen möchte. Als er den Stein auf der Kaminplatte erblickt, verschlägt es ihm die Sprache. Der Bauer erzählt ihm, dass er den Stein vor ein paar Tagen gefunden habe und ähnliche Steine im gesamten Bach zu finden seien. Der Priester weiß es besser: ‚Das ist kein Stein. Das ist ein ungeschliffener Diamant, einer der größten Diamanten, die ich jemals gesehen habe!‘ Aus diesem Bach, der einst Al Hafed gehörte, wurde die Golconda-Mine, eine der größten Diamantenminen aller Zeiten.“ (Russell H. Conwell in Spenst 2017, 8–9)

Praxisübung: Team-Tagebuch zum Glück

Der Schlüssel zu mehr Glück oder – weniger anspruchsvoll – zur Zufriedenheit in einem Team ist, die täglichen Routinen zu überprüfen und Gutes daran zu schätzen und zu pflegen. Gutes schätzen zu können ist eine wichtige Ressource, die ein Team ein Stück weit von äußeren Umständen unabhängig macht. Auch kleine Glücksmomente gehören wertgeschätzt und geachtet und nicht nur die großen gefeiert. Und manchmal schaut man zurück und erkennt, dass die kleinen Dinge sogar die eigentlich großen waren. Carl Gustav Jung meinte, dass ein glückliches Leben nicht ohne ein gewisses Maß an Dunkelheit denkbar wäre. Es ist wichtig, gute Gewohnheiten in einem Team zu pflegen, denn damit erschafft ein Team sich die eigene Arbeitswelt. Die Reflexion darüber, wo jeder zu diesem Zeitpunkt steht und was ihn derzeit zufrieden macht, ist ein guter Motor für die Teammotivation. Diese Selbstreflexion kann zu einem gemeinsamen Ganzen geführt werden und ist ein kontinuierlicher Prozess. So war Albert Schweitzer der Ansicht, dass Glück das Einzige sei, das sich verdoppelt, wenn man es teilt.

Das Vorgehen:

Das Team-Tagebuch sollte einen festen sichtbaren Platz, zum Beispiel im Personalraum, bekommen. Es kann jederzeit von jedem Teammitglied mit alltäglichen Glücksmomenten beschrieben werden.

Das Team-Tagebuch sollte miteinander im Team abgestimmte Kategorien enthalten, zum Beispiel die Beziehungen im Team, zu den Kindern und ihren Familien, Ereignisse, Naturerfahrungen und Erlebnisse, die mit der Persönlichkeitsentfaltung der Teammitglieder zusammenhängen.

Zu festgelegten Zeiten, zum Beispiel zu Beginn einer Teamsitzung oder am Ende, werden die Einträge vorgelesen. Je nach dem Fokus, der die Teamleitung oder auch das Team gemeinsam setzt, kann das Team sich zum Beispiel auf Erfolge und weitere Vorhaben oder Ängste und Unsicherheiten konzentrieren. Gemeinsam überlegt das Team, wie es Erfolge feiert, Vorhaben umsetzt und mit Ängsten und Befürchtungen umgeht.

Praxisübung: Team-Kalenderbuch

Es gibt zwar eine Reihe von fertigen Teamkalendern, aber für diese Übung fertigt ein Team seinen eigenen mit ausgewählten Rubriken an. Es gibt keine vorgefertigten Vorlagen und Inhalte, sondern jene, die ein Team zur Erreichung seiner Ziele aufstellt, trägt es in ein eigens dafür angeschafftes großes Buch ein.

Die Rubriken sind formale Kategorien wie Termine in einer Tages-, Wochen-, Monats- und Jahresübersicht, aber auch kreativer Natur wie die Ziele, Ideen, Gedanken und Wünsche der Teammitglieder.

Neben Stift und Lineal kann man mit (farbigen) Symbolen, Stempeln oder Schablonen arbeiten.

In einem ersten Schritt verständigt sich das Team auf die kreativen Kategorien, die neben der Zeitplanung eingetragen werden. In Bezug auf Rubriken wie Ziele, Ideen, Gedanken und Wünsche kann das Team eine Legende erstellen, die eine daraus erfolgende Priorisierung im Hinblick auf **wichtig, konkrete Aufgaben und Projekte, Planung, Erledigung bis ... und Ergebnis** abbildet. Entsprechend der Zeitplanung werden diese Kategorien von größeren Zeiträumen wie der Jahresplanung auf die kleineren Einheiten bis zur Wochen- und Tagesplanung heruntergebrochen. Interessant ist jetzt die Zufügung einer weiteren Kategorie: **Stolpersteine auf dem Weg der Zielerreichung**. Das können (schlechte) Gewohnheiten im Team, falsche Erwartungen (einzelner Mitglieder), zu große Ziele anstatt kleiner konkreter Schritte, hinderliche Gedanken und so weiter sein. Wenn einem Teammitglied ein Stolperstein an einem bestimmten Punkt der Zielerarbeitung auffällt, dann trägt es ihn für alle sichtbar in die entsprechende Spalte ein. Alternativ können Teamsitzungen Gelegenheit bieten, darüber gemeinsam zu reflektieren und Eintragungen zu machen. Wenn das Team sich Hindernisse auf dem Weg der Zielerreichung bewusst macht, kann es diese gezielt aus dem Weg räumen. Ebenso wie beim Team-Tagebuch bietet es sich an, zu festgelegten Zeiten (zum Beispiel zu Beginn einer Teamsitzung oder an deren Ende) die Einträge vorzulesen und gemeinsam zu überlegen, wie man am jeweiligen Punkt weiter vorgeht.

Wichtig!

Die Teammotivation hängt immer von dem ab, was die einzelnen Mitglieder gemäß ihrem persönlichen Empfinden als motivierend erleben. Es gibt damit kein Patentrezept, das für alle Teams anwendbar wäre. Als fördernd für die Motivation von Teams gelten gemeinsame Ziele, gegenseitige Anerkennung und Möglichkeiten der Weiterentwicklung.

Praxisübung: Klärung des Geistes

Manchmal hindern uns negative oder belastende Gedanken, die (kleinen) Glücksmomente zu erkennen. Dann ist hilfreich, diese Hindernisse aufzuschreiben, um sie zu klären und loszulassen und damit für das Wahrnehmen von Zufriedenheit und Glück frei zu werden.

Für eine festgelegte Zeitspanne, zum Beispiel für eine Viertelstunde, schreibt jedes Teammitglied alles für sich auf, was ihm durch den Kopf geht. Wichtig dabei ist, es fließen zu lassen und nicht zu unterbrechen. Die Übung funktioniert sowohl mit Stift und Papier als auch auf dem PC. Es geht um keinen literarischen oder psychologisch herausragenden Wert, es geht darum, dass wiederkehrende kreisende Gedanken niedergeschrieben werden und dass der eigene Geist zur Ruhe kommt. Dabei ist Schreiben hilfreicher als die Gedanken beispielsweise in ein Diktiergerät zu sprechen. Nach beendeter Übung spürt jeder in sich hinein, ob sie zu mehr innerer Ruhe und Gelassenheit geführt hat. Mithilfe dieser Übung ist es leichter, Glücksmomente in seinem Arbeitsalltag zu erkennen.

Bei Bedarf kann man sich zu zweit oder in kleinen „Murmelgruppen" zu seinen Gedanken austauschen.

Praxistipp: Freude zulassen

Wenn Erzieherinnen und Erzieher sich an ihre eigene Kindheit erinnern, denken sie vielleicht an das eine oder andere bewegte oder auch stille Spiel, das in ihnen Freude ausgelöst hat. Wie war es, hoch zu schaukeln, ins Heu zu springen oder Purzelbäume zu schlagen? Welche Gefühle hat das ausgelöst? Wann hatte man zuletzt so viel Spaß? Emotionen sind ansteckend. Ist die Kollegin verärgert, wird uns das beeinflussen. Der Kollege, der recht ängstlich ist und stets zaudert, wenn man etwas Neues anpacken will, blockiert auch andere. Gibt es heitere Teammitglieder, können diese die Kollegen mitreißen. Wenn wir Freude zulassen, spüren wir das körperlich und seelisch. Wir kommen in Kontakt mit Menschen, die auch freudig sind.

Praxistipp: Freudenbiografie

Zur Erstellung einer Freudenbiografie durchstöbert jedes Teammitglied seine berufliche Biografie nach Inseln der Freude. Manchmal sind solche Inseln nach schwierigen Lebensphasen besonders gut zu erinnern. Die Aufgabe ist, dass jedes Mitglied sich die freudigen Persönlichkeitsanteile seines Selbst vergegenwärtigt. Jedes Mitglied stellt eine Liste seiner aktuellen Freuden auf und macht sich die Anlässe und Fähigkeiten, echte Freude zu empfinden, bewusst. Dabei erforscht es etwaige berufliche Übergänge, die interessante Schnittstellen zum Erleben darstellten. Wenn die Zusammenarbeit in einem Team im Sinne eines vertieften persönlichen Kennenlernens der Teammitglieder untereinander gefördert werden soll, kann die Freudenbiografie eine gute Möglichkeit sein, sich in Kleingruppen oder im gesamten Plenum auszutauschen.

In einem zweiten Schritt ist es möglich, die Freudenbiografie auf sein gesamtes Leben, und nicht nur auf das berufliche, zu beziehen.

Wichtig!

Die Teammotivation hängt immer von dem ab, was die einzelnen Mitglieder gemäß ihrem persönlichen Empfinden als motivierend erleben. Es gibt damit kein Patentrezept, das für alle Teams anwendbar wäre. Als fördernd für die Motivation von Teams gelten gemeinsame Ziele, gegenseitige Anerkennung und Möglichkeiten der Weiterentwicklung.

Fragen zu Selbstreflexion: Die persönliche Motivation (1/2)

Für die Selbstreflexion eignet sich folgende Leitfrage: Wie kam es zur Entscheidung für diesen Beruf und für diese Arbeitsstelle in diesem Team? Praktische Möglichkeiten zur Beantwortung dieser Frage sind z. B. die Gedanken aufzuschreiben, ein Bild zu malen oder eine Collage herzustellen. Vielleicht findet sich ein Leitsatz im Sinne eines Titels für die schriftliche Darstellung oder das Bild? Die Texte oder Bilder können im gesamten Team besprochen werden. Nach diesem Einstieg führt jedes Teammitglied ein biografisches Selbstinterview in Einzelarbeit durch, dessen Ergebnisse später in Kleingruppen oder im gesamten Team ausgetauscht werden. (Als Alternative kann nur der letzte Teil zu „Mein Ding" im Team ausgetauscht werden.)

Selbstinterview

Mag ich in Teams vor allem Frieden und Harmonie oder reizt mich Aufregung und Leidenschaft? Oder beides?

Was ist mir bezüglich der Beziehungen in einem Team wichtig?

Was teile ich mit niemandem?

Was gehört nur mir?

Welche drei Fragen stelle ich wem, wenn ich darauf ehrliche Antworten bekommen möchte?

Wodurch würde ich mich gemeinsam mit dem Team völlig Unbekanntem zuwenden?

Was musste ich mir (hart) in diesem Team erarbeiten?

Wozu brauche ich absolute Ruhe?

Wann fühle ich mich in einem Team geborgen und angenommen?

Was langweilt mich?

Welche Freiheiten sind mir in diesem Team wichtig?

Welche Erfahrung in diesem Team empfand ich als schlimm oder verletzend?

Worüber lache ich und worüber kann ich mit meinen Kollegen lachen?

Was brauche ich, um in meiner Tätigkeit zufrieden oder sogar glücklich zu sein?

Wofür werde ich von meinen Kollegen gemocht und/oder geschätzt?

Fragen zu Selbstreflexion: Die persönliche Motivation (2/2)

Was kann ich gut?

Was gibt mir Kraft und Mut?

Was wünsche ich mir weg?

Was möchte ich besser verstehen?

Was war für mich ein besonderer Augenblick in der Zusammenarbeit?

Bin ich in diesem Team, wie ich sein will?

Im Anschluss benennt jedes Teammitglied aufgrund seiner Antworten auf diese Fragen „Mein Ding“:

Wo stehe ich?

Was will ich?

Was brauche ich?

Wofür brenne ich?

Hat jedes Mitglied sein „Ding“ ermittelt, können in der Runde die Fragen und Antworten miteinander abgeglichen werden. Für diese Runde eignen sich folgende Leitfragen:

Welche Rückmeldungen bekomme ich allgemein von meinen Kollegen?

Welche Rückmeldungen habe ich im Laufe der letzten Woche und des letzten Monats bekommen?

Was waren die stärksten Reaktionen (gegebenenfalls positiv und negativ) von meinen Kollegen im vergangenen Jahr?

Team-Rituale fördern Motivation

Schon bei Kindern kann beobachtet werden, dass Rituale etwas Kanalisierendes, Ordnendes haben. Die Gutenachtgeschichte oder das Lied zum Einschlafen in der Kindheit kann auch in der Erinnerung nach vielen Jahren noch eine tiefe Wirkung auslösen. Auch Erwachsenen geben Rituale Halt und Orientierung. In stressigen Arbeits- und Lebensphasen führen uns Rituale zu Gelassenheit und helfen, mit belastenden Emotionen umzugehen. Im Berufsalltag spenden sie Kraft und Ruhe. Wandel und Veränderungen, manchmal ungewollt ausgelöst, sind durch Rituale leichter zu (er)tragen. Übergangssituationen und Veränderungsprozesse in Teams können aktiv gestaltet werden. Sie können beispielsweise beim Abschied einer geschätzten, langjährigen Mitarbeiterin oder bei Veränderungen der personellen Besetzung helfen.

Rituale dienen der bewussten Wahrnehmung positiver Emotionen und Wandlungen. Der erste Kindergartentag bei der Eingewöhnung, der Übergang von der Kita zur Schule, das Erreichen der Volljährigkeit bei minderjährigen Auszubildenden in der Kita oder bestandene Prüfungen, der Beginn einer neuen beruflichen Aufgabe. All diese einschneidenden Erlebnisse erhalten durch Rituale eine besondere Bedeutung

Werte, die mit beruflichen und persönlichen Übergängen verbunden, aber nicht direkt greifbar sind, können durch Rituale verdeutlicht werden.

Rituale fördern Konzentration, Zentrierung und Entspannung. Sie leben von einer klaren, dramaturgischen Handlungsabfolge und von der Wiederholung. Sie sollen sich leicht einprägen, sodass das Gehirn wenig Energie aufbringen muss, und fördern dadurch Entspannung.

Musik oder Gesang können ein Ritual begleiten und angenehme Gefühle hervorrufen. Meist sind in einem Kita-Team begeisterte MusikantInnen und SängerInnen, deren Potenzial für Teamrituale genutzt werden kann. Auch gleichmäßige oder rhythmische Bewegungen, wie beispielsweise im Tanz, können den Prozess unterstützen.

Wichtig!

Ein Teamritual kann drinnen oder draußen durchgeführt werden. Elemente der Natur wie Wasser, Erde, Luft oder Feuer können es kraftvoll unterstützen. Die Begleitung mit Worten, Gesang und Musik bietet sich an. Passende Bewegungen oder Gesten können integriert werden, je nachdem, ob etwas verbunden, getrennt, losgelassen, herbeigeholt oder eingebunden werden soll.

Die Grundformen werden als Symbole genutzt und drücken Unterschiedliches aus: Eine Linie kann eine Verbindung von der Vergangenheit über die Gegenwart in die Zukunft oder die Beziehung zwischen Menschen oder Orten zeigen. Der Kreis verkörpert eine harmonische, runde Geschlossenheit ohne Anfang und Ende. Das Quadrat drückt eine geschaffene Ordnung aus, wie wir sie zum Beispiel als Form von Häusern, Feldern und Städten finden. Es kann zum Sinnbild für Halt und Struktur werden.

Praxistipp: Symbolik nutzen

Es gibt verschiedene Symbole für Tod und Wiedergeburt. Diese können das Loslassen von Altem, das nicht mehr zum Team gehören soll und von dem man sich trennen möchte, und das Einladen des Neuen versinnbildlichen.

Die wohl kraftvollste Art, etwas loszulassen, ist, es den Elementen Feuer, Erde, Luft oder Wasser zu übergeben.

Feuer zerstört nicht nur, es transformiert auch. Nutzen wir Feuer für ein Ritual, sehen wir, was wir übergeben und der Wandlung zuführen. Wir befreien uns und spüren die Kraft, Neues einzuladen.

Praxisübung: Loslassen

Das Team findet gemeinsam ein Symbol oder einen Gegenstand aus brennbarem Material, das ausdrückt, wovon es sich lösen möchte. Das Thema kann auch auf Papier gemalt oder geschrieben werden.

Für das Feuerritual sucht sich das Team einen passenden Platz im Außenbereich, an dem ein Feuer weder Personen noch Sachen beschädigen kann. Geeignet sind Feuerstellen oder Feuerschalen für draußen.

Praktische Übungen: Team-Rituale

Jour fixe

Ein kurzer Jour fixe am Morgen kann alle gut in den Tag bringen. Ein Teammitglied pro Gruppe trifft mit der Leitung zusammen. Ein gemeinsames Gespräch über 10–15 Minuten informiert darüber, was für jede Gruppe am Tag ansteht und wozu Unterstützung gewünscht wird. Auch schafft ein Jour fixe eine Gelegenheit, in einem geschütztem Raum mitzuteilen, ob es einem Teammitglied nicht gut geht oder ob eine Gruppe Sorgen hat. Gerade in großen Teams, die nicht ständig miteinander im Austausch sein können, sind solche Begegnungen wichtig und fördern das Miteinander.

Miteinander Kraft sammeln

Das Team sucht gemeinsam eine besondere Schale oder Schachtel aus und stellt diese im Teamzimmer auf.

Alle Mitglieder achten im Berufsalltag auf kleine Gegenstände oder Symbole, die in ihnen positive Gefühle auslösen und legen sie in das Gefäß. So sammeln sie für eine bestimmte Zeit solche Gegenstände für die Schachtel oder Schale.

In jeder Teambesprechung wird das Befinden der einzelnen Teammitglieder abgefragt. Wer sich gestresst oder erschöpft fühlt, darf sich einen Gegenstand zum Kraft tanken aussuchen und ihn eine bestimmte Zeit, zum Beispiel bis zur nächsten Sitzung, mit sich tragen oder in seinem Bereich aufstellen.

Das Mitglied setzt sich mit den schönen Dingen immer wieder in Ruhe, beispielsweise in Arbeitspausen, an einen angenehmen Ort, betrachtet sie und spürt die positiven Gefühle, die es mit ihnen verbindet. Es kann seine Gedanken dazu in ein schönes Buch, zum Beispiel das Teamtagebuch, schreiben oder Bilder malen. Welche Sehnsüchte werden wach, was gibt Kraft, was beruhigt? Darüber kann sich das Team immer zu Beginn der nächsten Teamsitzung austauschen.

Das Wunderherz

Sie wollen sich als Team etwas von Herzen wünschen?

In Mexiko begleitet ein „Wunderherz" die eigenen Wünsche. Die Menschen dort nehmen ein Herz mit in die Kirche und hängen es an die Wand. Das Herz soll bei der Verwirklichung von Wünschen helfen und wird auch zum Dank für in Erfüllung gegangene Wünsche aufgehängt.

Kaufen oder gestalten Sie ein besonderes Herz und suchen Sie in der Kita einen schönen Platz. Besprechen Sie im Team gemeinsame Wünsche, und einigen Sie sich auf einen besonderen Wunsch für das Team. Hängen Sie das Wunschherz in einem gemeinsamen Ritual auf, dabei denken alle an den Wunsch oder sprechen ihn laut aus. Ihr Wunsch sollte konkret, positiv und realistisch sein.

Wenn der Wunsch in Erfüllung gegangen ist, sagt die Tradition, dass ein Herz weiter verschenkt werden soll, als Zeichen der Dankbarkeit. Als Empfänger eignet sich zum Beispiel ein anderes Team, mit dem Sie als Einrichtung kooperieren. Den Beschenkten wird eine Freude bereitet, und gleichzeitig nehmen diese an wichtigen Schritten der Teamentwicklung teil.

Der Steinkreis

Legen Sie an einem dafür ausgewählten Ort einen Kreis mit Steinen aus. Nun setzt sich das Team in seine Mitte. Jeder berührt einen Stein nach dem anderen und spricht dabei seinen Wunsch laut aus. Denken Sie daran: Der Wunsch sollte konkret, positiv und realistisch formuliert sein.

Willkommens- und Abschiedsfrühstück

Auch Willkommens- und Abschiedsfrühstücke für Teammitglieder können ebenso wie das Beschriften von Zetteln mit guten Wünschen, die man zum Ankommen oder Abschied teilt, Rituale sein.

Allen Team-Ritualen ist gemeinsam, dass sie die Arbeitsatmosphäre und das Wohlfühlen positiv beeinflussen und Mitglieder dabei unterstützt werden, sich gegenseitig wertzuschätzen.

Praxisübung: Mindmap der Team-Träume

Wenn wir uns Mut machen, berufliche Träume zu leben, kann uns Vorbildliches, Inspirierendes, Erfüllendes, Menschliches und Unglaubliches begegnen.

Diese Übung unterstützt die Leitung dabei, sich und ihre Mitarbeiter in der Tiefe zu erkennen und zu stärken. So wird eine Teamsitzung einmal nicht für die Klärung formaler, organisatorischer oder pädagogischer Angelegenheiten genutzt, sondern für die Entwicklung eines gemeinsamen Mindmaps mit Antworten auf die Fragen:

- **Gibt es einen gemeinsamen Traum?**
- **Wie können wir diesem folgen?**
- **Weshalb mögen wir diesen Traum?**
- **Was löst er aus?**
- **Welche, vielleicht unterschiedlichen, Visionen im Team könnte man in diesem Traum verbinden?**
- **Welche Bedenken müssten abgeschüttelt werden, um den Traum Wirklichkeit werden zu lassen?**
- **Welche Hindernisse müssten überwunden werden?**
- **Gibt es Menschen oder Teams, die sich den Traum bereits erfüllt haben, und falls ja, was können wir von ihnen lernen?**

2 Teamführung

2 Teamführung

Die Teamleitung sieht sich diversen Rollen und Erwartungen gegenüber. Sie soll Vorbild, Vernetzende, Kontrolleurin, Verhandlungsführerin, Problemlösende, Innovatorin und Kommunikationsexpertin sein.

Die Träger sollten die Rahmenbedingungen der Leitungstätigkeit in Anerkennung dessen, dass die Teamleitung eine anspruchsvolle Aufgabe ist, ausrichten. Wer mit großem Herzen und starkem Rücken führt, benötigt gute Ressourcen und Talente, nicht nur im Umgang mit dem Team, sondern auch mit sich selbst. Die Leitungsperson sollte sich dabei nicht verbiegen, sondern authentisch bleiben und, wenn machbar, Kompromisse eingehen, aber die persönlichen Werte nicht aufgeben. In der Zusammenarbeit mit dem Team kommt die empathische Teamleitung weiter, die aktiv zuhört und nach Möglichkeit auf die Interessen der Einzelnen eingeht. Im Sinne der Prozessverbesserung muss die Teamleitung für eine effiziente und effektive Zusammenarbeit sorgen. Um ein Team voranzubringen, ist es sinnvoll, sich auf das Wesentliche in der Tätigkeit zu konzentrieren und die Qualifikationen und Kompetenzen des Teams weiterzuentwickeln. Teamleitungen sind nicht nur Vorgesetzte, die auf korrekte Aufgabenerfüllung achten. In erster Linie sorgt eine ausgeprägte Sozial- und Kommunikationskompetenz für eine gute Teamführung.

Wichtig!

„Zu den klassischen Führungsstilen zählen der autoritäre, der partnerschaftlich-kooperative, der begleitende (im Sinne eines Coaches) und der chaotische Führungsstil (*Laissez-faire*).

Das Modell der situativen Führung nach Hersey und Blanchard (vgl. Mannhard 2018a) hat sich bewährt. Demnach richtet sich das Verhalten der Leitung nach dem Reifegrad und der Bereitschaft der Mitarbeiterin oder des Mitarbeiters aus. Die Leitung bewegt sich dabei auf der Ebene der Aufgaben und der Beziehung gleichermaßen. Ein Mitarbeiter mit niedrigem Reifegrad, beispielsweise ein Auszubildender, benötigt konkrete Informationen und Unterweisungen sowie enge Kontrolle. Wer etwas mehr Kompetenz und Engagement vorweist, sollte mit Erklärungen und Begründungen überzeugt werden, damit die Motivation steigt. Bei höherer Kompetenz, aber noch nicht ausreichender oder schwankender Motivation, sollte man den Mitarbeiter soweit wie möglich partizipieren lassen. Wer über hohe Kompetenz und ein hohes Engagement verfügt, bekommt weitgehende Verantwortung und eigene Entscheidungen für seinen Bereich übertragen. Die Leitung kann dabei umfassend an den Mitarbeiter delegieren.“ (Mannhard 2018a, 21)

2.1 Teamreflexion

Über die alltägliche pädagogische Arbeit hinaus kann die Teamleitung Transparenz zu den verschiedenen Ansprechpartnern innerhalb eines Teams gemäß deren Arbeitsschwerpunkten und Spezialisierungen herstellen. Qualitätsentwicklung in der Tätigkeit umfasst einen übergeordneten Prozess, an dem alle Mitglieder eines Teams beteiligt sind. Die Teamkooperation und die Zusammenarbeit mit den Kindern und deren Familien ist dabei die Kernaufgabe. Das Team stellt dabei keine Wand aus Experten dar, sondern achtet ebenso die Eltern als Experten für ihr Kind. Eine umfassende, alle Parteien berücksichtigende Zusammenarbeit stellt ein Räderwerk dar, in dem einzelne Räder ineinandergreifen und miteinander verzahnt sind. Ein solches Räderwerk kann im Hinblick auf ein pädagogisches Team beispielsweise bestehen aus:

Konzeption	Bildungsplan	Organisation
Qualität	Leitung	Atmosphäre
Angebotsprofil	Team und Kleinteams	Kommunikation
Träger	Entwicklung	Feedback
Angebotsprofil	Werte	Inklusion
Träger	Verbindlichkeit	Kooperationen
Leitung	Partizipation	Fort- und Weiterbildungen

Entscheidender als das, was gesagt wird, ist die Haltung, die hinter den Worten steht. Die Haltung bedingt die Kommunikationskultur ebenso wie die gegenseitige Wertschätzung in einem Team und gegenüber den Zielgruppen der Tätigkeit. Wechselseitige Anerkennung hat verschiedene Facetten und Möglichkeiten des Ausdrucks. Kinder orientieren sich an Modellen in der Kita und in ihrer Familie. Wie wird miteinander gesprochen und wie wird auf unterschiedliche Bedürfnisse eingegangen? Wird ausgedrückt, was aneinander geschätzt wird? Und wie wird unterschiedlichen Gefühlen Raum gegeben? Welche Kulturen und Traditionen finden Berücksichtigung? Welche Werte werden im Miteinander gepflegt? Wird dem unterschiedlichen Lern- und Entwicklungstempo aller Rechnung getragen?

Wichtig!

Manche Teams lernen nicht oder nur unzureichend. Das liegt nicht zwingend an den einzelnen Mitgliedern, die Lernen verhindern, sondern oftmals an der übergeordneten Organisation. Bestehen Schwächen in den Arbeitsplatzbeschreibungen oder in Denk- und Interaktionsweisen, können auch einzelne kluge und engagierte Köpfe in Teams wenig ausrichten. Statt dass Probleme beim Aufdecken solcher Schwächen gelöst werden können, vergrößern sie sich meist, wenn es erhebliche Widerstände in der Organisation gegen Veränderungen und Neuerungen gibt.

Lernhemmnisse aufspüren

Wenn ein Team das Warum seiner Tätigkeit nicht kennt, agiert es stets nur im Rahmen der alltäglichen Aufgabenerfüllung, ohne einen übergeordneten Sinn. Es bezieht seine Verantwortung lediglich auf den einzelnen Arbeitsplatz und nicht darüber hinaus. Das kann auf Kosten der Verantwortung für die gesamte Kooperation und das Zusammenwirken der einzelnen Positionen in einem Team gehen. Wenn dann etwas schief geht, wird mit Fehlerintoleranz ein Sündenbock gesucht und meist auch gefunden. Diese einseitige Schuldzuweisung ist bequem und nimmt das System in seinem Zusammenwirken aus der Verantwortung. Wenn wir nicht über unsere einzelne Position hinausschauen, verstehen wir die (systemischen) Zusammenhänge nicht. Wir führen Probleme auf äußere Ursachen oder auf andere zurück. „Dieses Lernhemmnis macht es nahezu unmöglich, den Hebel zu entdecken, den wir 'hier drinnen' ansetzen können, um Probleme zwischen uns und 'denen da draußen' zu lösen" (Senge 2017, 32). Proaktiv statt nur reaktiv zu handeln, wenn Probleme aufgetreten sind, ist wichtig, aber nicht immer ist Angriff die beste Verteidigung und manchmal ist Proaktivität nur verdeckte Reaktivität. Besser ist, zu erkennen, was jeder einzelne und das gesamte Team zu Problemen beiträgt und dies mehr rational denn emotional zu analysieren (vgl. Senge 2017, 32–33).

Wenn wir Kinder beobachten, sind sie im Fall eines Streits so auf das auslösende Ereignis fixiert, dass sie nichts anderes mehr wahrnehmen können. Leider kann diese Haltung immer wieder auch unter Erwachsenen in pädagogischen Teams beobachtet werden. Kleinere und größere Ereignisse binden die Aufmerksamkeit so, dass kaum die Hintergründe analysiert und längerfristige Veränderungen nicht angepackt werden können. **Die Fixierung auf Ereignisse führt zu Kurzsichtigkeit und zu eingeschränktem Denken und Handeln.** Auch gehen Kreativität und Innovationsfähigkeit verloren und Lernen ist so kaum möglich. Im Gleichnis vom gekochten Frosch heißt es: „Wenn Sie einen Frosch in einen Topf mit kochendem Wasser setzen, wird er sofort versuchen, hinauszuklettern. Aber wenn das Wasser Zimmertemperatur hat und Sie den Frosch nicht erschrecken, bleibt er ganz ruhig sitzen. Steht der Topf nun auf einer Wärmequelle und wird die Temperatur allmählich erhöht, geschieht etwas sehr Interessantes. Während die Temperatur von 20 auf 30 Grad Celsius steigt, bewegt sich der Frosch nicht. Er wird tatsächlich alle Anzeichen von äußerem Wohlbehagen zeigen. Während die Hitze nach und nach zunimmt, wird der Frosch immer schlapper und schlapper, bis er unfähig ist, aus dem Topf herauszukrabbeln. Obwohl der Frosch durch nichts daran gehindert wird, sich zu retten, bleibt er sitzen, bis er kocht. Warum? Weil der innere Wahrnehmungsapparat des Froschs auf plötzliche Veränderungen in seiner Umwelt eingestellt ist und nicht auf langsam wachsende Bedrohungen." (Senge 2017, 34–35)

Damit in Teams kleinere Störungen nicht zu größeren Konflikten auswachsen, müssen sie auch subtile negative Veränderungen wahr- und ernst nehmen und nicht nur auf scheinbar dramatische plötzliche Ereignisse reagieren. Schleichende Prozesse stellen oft die größere Bedrohung dar. Kinder lernen durch Versuch und Irrtum aufgrund ihrer Erfahrungen. Erwachsenen geht es an sich nicht anders. Was aber, wenn sie die direkten Zusammenhänge und Folgen ihrer Erfahrungen nicht erkennen können? Wenn sich das Handeln und Verhalten des Einzelnen in seiner Wirkung nur in der Zukunft abzeichnet oder im System des Teams bzw. der Organisation verschwindet? Dann können wir nicht mehr direkt aus unseren Erfahrungen (und aus Versuch und Irrtum) lernen. Dem kann entgegengewirkt werden, indem das aktuelle Zusammenwirken eines Teams analysiert und zeitnah optimiert wird. In Geschichte und Politik gibt es zahlreiche Beispiele, wie Borniertheit und fehlende Wahrnehmung und Achtsamkeit sowie eine Verweigerung, aus Erfahrungen zu lernen, zum Schaden aller gelangt, auch zum eigenen.

Wachstumsgrenzen

Strukturen, die wir uns nicht ausreichend oder gar nicht bewusst machen, halten uns gefangen. Wenn wir sie erkennen, können wir produktiv mit ihnen arbeiten und sie auch verändern. Wichtig ist, dabei aber auch die Grenzen von Veränderung und Wachstum zu erkennen. Wird nur mit mehr Anstrengung im Sinne von Immer-weiter-so reagiert und sich dabei nur auf ausgetretenen Pfaden bewegt, können die Ergebnisse kaum fruchtbarer werden. **Wenn wir wirklich etwas verändern wollen, müssen wir an unseren Wachstumsgrenzen arbeiten.** Erzieherinnen und Erzieher und auch die Leitungen können sich das am einfachsten anhand persönlicher Verhaltensweisen verdeutlichen. Solche Muster haben sich oft über viele Jahre geprägt. Der Wille ist da, sie zu verändern, aber kaum hat man sich mit positiver Einstellung auf den Weg gemacht, findet man sich meistens in den alten Mustern wieder. Welcher Widerstand steht da einer Verbesserung im Weg? Welche heimlichen Glaubenssätze, Normen, Werte oder indirekten Gewinne stehen dahinter? Werden lediglich die Anstrengungen verstärkt, ohne all das zu hinterfragen, wird sich der Widerstand nur vergrößern.

Praxistipp: Reflektierende Teams

Teams können die grundsätzlichen Annahmen, die sie in ihrer Tätigkeit leiten, reflektieren. Dies ist die Basis, um sich Entscheidungen, die aufgrund solcher Überzeugungen getroffen werden, bewusst zu machen. Wenn die Reflexion nicht immer wieder in den Fokus der Betrachtung genommen wird, ist der Handlungsspielraum eines Teams eingeschränkt. Dieses Team greift dann zu häufig ohne weitere Reflexion auf Altbewährtes und Bekanntes zurück.

Die Teamreflexion sollte sich nicht nur auf der Inhalts- und Aufgabenebene bewegen, sondern auch auf Fähigkeiten und Fertigkeiten im zwischenmenschlichen Bereich. Pädagogische Teamarbeit ist lebenslanges Lernen, und sie endet nicht mit Abschluss der Ausbildung und Aufnahme der Berufstätigkeit. Als reflektierende Praktiker wird über das eigene Denken und Handeln nachgedacht. „Lernen führt letzten Endes zu einem veränderten Handeln, und eine grundlegende reflexive Fertigkeit besteht darin, Lücken zwischen dem, was wir sagen und dem, was wir tun, als Vehikel zu nutzen, um bewusster zu werden.“ (Senge 2017, 209) Senge sieht kein Problem in der Lücke, sondern im Ausweichen vor der Wahrheit über diese Lücke. Er rät, die Theorien, die in einem Team vertreten werden, dahingehend zu überprüfen, wie wichtig sie den Mitgliedern und ob sie Teil der persönlichen Einstellungen sind. Ist dies nicht der Fall, gibt es kaum eine konstruktive Spannung und fachliche Auseinandersetzung in einem Team. Es werden irgendwelche Theorien angenommen und in der Praxis umgesetzt, hinter denen das Team nicht wirklich steht, oder über die es sich zumindest nicht weiter auseinandergesetzt hat.

Praxisübung: Teamreflexion am Beispiel Elternarbeit

Das Kita-Team kann seine Arbeit in Bezug auf einen bestimmten Kern, ein wichtiges Angebot oder ein Projekt, in diesem Beispiel die Elternarbeit, mit Hilfe gezielter Fragen reflektieren. Je nachdem, wie viele Fragen mit Ja beantwortet werden, kann es ersehen, wo Lücken und Verbesserungspotenziale bestehen. Daraus werden konkrete Ziele und Schritte abgleitet. Gezielte Fragen können lauten:

Führen wir Buch über Anliegen und Wünsche der Eltern?

Haben wir einen Überblick über die Elternarbeit in anderen Kitas, sodass wir uns im Sinne eines Benchmarkings mit den Besten der Branche vergleichen können?

Verfügen wir über effiziente Kommunikationsstrukturen mit Eltern, sodass zum Beispiel die Anliegen von Eltern die betreffenden Personen erreichen, auch wenn diese nicht direkt angesprochen wurden?

Beschäftigen wir uns mindestens einmal jährlich an einem Konzeptionstag mit der Elternarbeit?

Wie leben wir die Partizipation von Eltern und beziehen deren Interessen in unser Angebotsprofil und in Aktionen ein?

Kennen die Eltern die persönlichen Stärken aller Teammitglieder, und wissen sie, mit welchen Schwerpunkten diese sich in der Arbeit beschäftigen?

Wie gehen wir mit Absagen an Erwartungen oder von Wünschen der Eltern um, wenn wir sie nicht umsetzen können oder wollen?

Aktualisieren wir, zum Beispiel durch Fortbildungen, regelmäßig unseren Kenntnisstand zur Elternarbeit und entwickeln neue Ideen?

Wichtig!

Tom Andersen (2011) sieht ein Teammitglied einerseits als durch die Beziehungen in einem Team beeinflusst an, andererseits kann ein Mensch nur das sein, was er zu diesem Zeitpunkt ist. Er kann bestimmten Situationen nur gemäß dessen, was er zu dem Zeitpunkt in seinem Verhaltensrepertoire hat, begegnen. „Dieses Repertoire kann allerdings im Laufe der Zeit verändert werden, indem alte Wege verblassen und neue entstehen.“ (Andersen 2011, 35) Bei Störungen in der Arbeit ist jedem Mitglied immer auch wichtig, seine eigene Identität zu wahren. Meinungsverschiedenheiten müssen immer unter Wahrung der Integrität jedes Einzelnen geführt werden. Ist dies nicht gegeben, wird sich der verschließen, der seine Integrität nicht (mehr) gewahrt sieht.

2.2 Führungsqualitäten

Ob eine Kita-Leitung ihr Team erfolgreich führt, hängt vor allem von ihrer Persönlichkeit ab und ob sie mit ihr authentisch und überzeugend ist. Es ist ein Unterschied, ob sie Richtlinien und Ziele des Trägers einfach nur auf ihr Team überträgt, oder ob sie damit in eine innere und äußere Auseinandersetzung gegangen ist und ihren Führungsauftrag angenommen hat. Es gehört auch dazu, dass sie mit gutem Beispiel vorangeht und Verantwortung übernimmt. Mitarbeiter spüren, wo die wirkliche Aufmerksamkeit der Leitung liegt. Will sie nur ihre Position stärken, oder vor allem ihr Team fördern? Eine zu selbstbezogene Leitung wird ihre Mitarbeiter kaum motivieren. Stattdessen kann sie diese befähigen, selbstständig, intelligent und integer zu handeln. Zu viel Kontrolle und Misstrauen im Umgang mit Mitarbeitern ist nicht förderlich, sondern eher das situative Hinschauen, oder ob mehr oder weniger davon benötigt wird. **Anderen grundsätzlich wertschätzend gegenüberzutreten und ihnen Vertrauen entgegenzubringen, schafft Bindung und ist überzeugend.** Einer solchen Leitung folgt das Team gerne, und es möchte sie nicht enttäuschen. Jedem stets die eigene Haltung und Meinung aufzudrücken, oder ungefragt ein Feedback zu erteilen, ist vielmehr störend denn überzeugend. Eine starke Führungskraft weiß um die Wirkung ihrer Worte, mit denen sie eher ihre persönlichen Werte und ethischen Vorstellungen ausdrückt, als andere zurechtzuweisen. Sie überzeugt durch das Kommunizieren ihrer Haltung. Vor allem aber bringt die erfolgreiche und zugewandte Leitung ihre Mitarbeiter durch neue, innovative Ideen und Motivation in ihren Bann. Sie interessiert sich für die Leistungen und persönlichen Stärken ihres Teams und dafür, wie Hindernisse auf dem gemeinsamen Weg zur Zielerreichung überwunden werden können. Sie trifft schnelle Entscheidungen zugunsten des Teams und hat stets die Förderung der Mitarbeiter und die Teamentwicklung im Blick. Sie kann andererseits aber auch Grenzen erkennen und kommunizieren. **Erfolgreiche Leitungen führen nicht nur ihr Team überzeugend, sondern vor allem auch sich selbst.** Wenn sie nicht gut mit sich selbst umgehen oder ihre Worte nicht zu ihrem Handeln passen, wirken sie nicht authentisch. Das Team vertraut der Leitung nur, wenn sie für sich selbst die Werte lebt, die sie in Bezug auf die Arbeit propagiert, und wenn sie unter Belastung dennoch ausgleichend und verantwortungsvoll agiert. Nur dann kann sie überzeugende Wege für die Weiterentwicklung der Arbeit und für das Team aufzeigen. Kann eine Leitung nicht vom Sinn der Aufgabenerfüllung überzeugen und schafft unnötige oder sinnlose Aufgaben nicht ab, entsteht keine Überzeugung. Dadurch bildet sich Frust bei ihren Mitarbeitern. Stattdessen kann die Leitung sich auf die wirklich wichtigen Aufgaben konzentrieren, die die Arbeit und das Team voranbringen, und dabei die Mitarbeiter wertschätzen und ihnen danken.

Anerkennung der Menschen, die für und mit einem arbeiten, sollte eigentlich eine Selbstverständlichkeit sein, fällt manchen Leitungen jedoch überaus schwer. Dabei wäre es so leicht und bringt so viel! Anerkennung und Wertschätzung überzeugen, mit Engagement weiterzumachen. Überzeugende Leitungen machen ihre Entscheidungen transparent. Das heißt nicht, dass sie sich diese abnehmen lassen, aber sie binden ihr Team ein. Vor allem bei größeren Veränderungen, wenn Mitarbeiter von diesen überzeugt werden sollen, ist es wichtig, dass Informationen anschaulich und für alle verständlich vermittelt werden. Persönliche Offenheit, auch bei belastenden Situationen, wird einer Leitung Anerkennung ihrer Mitarbeiter bringen. Und wenn sie selbst auch einmal zugibt, Tipps und Hilfestellungen ihres Teams zu benötigen, um ihre Arbeit gut zu machen, ist das die Realität aller Leitungen und wahrhaft überzeugend.

Visionen und (innere) Stimme

Dass eine Führungskraft Visionen haben muss, ist zum Schlagwort geworden. Damit werden meist im Außen orientierte Sachverhalte phrasenhaft in Verbindung gebracht.

Ein etwas anderes Bild ist die (innere) Stimme der Leitung, die dazu verhilft, persönliche Visionen zu entwickeln. Der Erwerb von Wissen, Meinungen und Haltungen erfolgt vor allem über Interaktion und damit über Zuhören und Sprechen. **Die Entwicklungen von innerer Stimme, Bewusstheit, Verstand und Selbstwert stehen in einer Verbindung zueinander.** In einem Team ist die Wahrnehmung des Einzelnen eher kontextuell, dieser lässt sich von menschlichen Beziehungen im Arbeitsleben beeinflussen. In dieser Interaktion hat das Gehörte eine Auswirkung auf das Gesagte. Die Entwicklung von Visionen schließt den geschätzten Wert der zwischenmenschlichen Verbundenheit ein. Die Stimme ist nur dann eine, wenn sie von jemandem gehört wird. Sie erhält ihre Gestalt durch Interaktion, sei es mit anderen, sei es, wenn wir mit uns selbst gezielt in eine Interaktion treten, zum Beispiel bei der Arbeit mit dem inneren Team (vgl. S. 60). Hören ist subtiler als sehen: Ein Bild bleibt ein Bild, wenn wir es nur betrachten, wenn es nicht durch den Maler oder jemanden, der seine Arbeit verstanden hat, vermittelt wird. Die Stimme hingegen gibt mit ihrem Klang nicht nur Inhalte, sondern auch Emotionen weiter, und Visionen sind eine gefühlvolle und empfindsame Angelegenheit.

Für die Teamleitung ist die (innere) Stimme bedeutender als Visionen, beziehungsweise wird es ohne sie keine Visionen geben. Sie ist das Mittel, sich selbst anderen mitzuteilen und von ihnen Wichtiges zu erfahren. Diese Verbundenheit zeigt die Berücksichtigung von Interesse für die Ziele und Mittel gleichermaßen. Ist die Teamleitung eine starke Führungspersönlichkeit, besitzt sie eine eigene, unverwechselbare und charakteristische (innere) Stimme. Diese ist das Instrument, mit dem sie anderen ihre Visionen vermittelt. Indem sie den Tonfall den Worten anpasst und umgekehrt, kann sie Werte repräsentieren, andere beeinflussen und instruieren, und sie kann überzeugen. Diese Stärke ist in Organisationen, die nicht streng hierarchisch aufgebaut sind, wichtig. Die Leitung hat Vorbildcharakter. In einer Netzstruktur, in der die Talente im Team eher gefördert denn angewiesen werden und wo die Vielfalt der Beziehungen wertgeschätzt wird, tritt der Einfluss durch Überzeugung an die Stelle von Anweisungen. Auch als Erzieherin oder Lehrerin ist die eigene Stimme ein wichtiges Mittel, um den Kindern Wissen zu vermitteln und sie zu motivieren. Die Leitung ist als Führungspersönlichkeit durch ihre Stimme Vorbild. So kann sie ihre Ideen, ihr Wissen und ihre Intuition vermitteln. **Die Entdeckung der eigenen (inneren) Stimme kann große Energien freisetzen.**

Konstruktive Fehlerkultur

Fehler entstehen durch verschiedene Ursachen. Vielleicht fehlt Wissen oder Erfahrung, oder es werden Regeln missachtet. Im persönlichen Bereich sind individuelle Unzulänglichkeiten, Unaufmerksamkeit oder fehlende Kompetenzen ursächlich. Führungsfehler sind so unterschiedlich wie Führungsverhalten und beeinflussen die Mitarbeiter direkt oder indirekt

Zu Führungsfehlern zählen beispielsweise
- Delegationsfehler,
- fehlende Kontrolle oder Kontrollbürokratie,
- Fehlervermeidungskultur,
- Fehlerintoleranz,
- einsame Entscheidungen,
- willkürliches oder intransparentes Handeln,
- Zielformulierungen als Anweisungen
- unausgesprochene Erwartungen und
- pauschale Kritik.

Fakt ist, alle machen Fehler. Fehler lassen sich nicht vermeiden. Die Frage ist, wie wir mit den Fehlern anderer und unseren eigenen umgehen.

Diese Entscheidung treffen wir jedoch nur bedingt selbst. Jede Erzieherin und jeder Erzieher wie auch die Leitung unterliegt den Rahmenbedingungen der Organisation, für die sie oder er arbeitet und dem Führungsverhalten der Vorgesetzten. Dennoch sollten die Teammitglieder miteinander eine eigene Haltung entwickeln.

Sie können aus Fehlern lernen, wenn sie hinterfragen,
- wie die Vorgeschichte aussieht,
- welche Entscheidungen zu einem Fehler geführt haben,
- ob er einmalig oder wiederholt auftrat,
- welche negativen, aber vielleicht auch positiven Nebeneffekte er hat,
- wer unter ihm leidet oder jedoch gegebenenfalls auch davon profitiert.

Fehlertoleranz bedeutet, den Fehler gemeinsam zu analysieren und ihn zur Teamentwicklung oder persönlichen Entwicklung nutzbar zu machen. Hier sind nicht gravierende Fehler, bei denen jemand oder eine wichtige Sache zu Schaden gekommen ist, gemeint, sondern eher die alltäglichen, kleineren Fehler, die jedem unterlaufen. Entsprechend ist es wichtig, dass die Leitung Fehlentwicklungen frühzeitig erkennt und korrigiert. Wenn sie aufmerksam ist, reflektiert sie mit dem Team bereits kleinere Fehler, damit größere vermieden werden können. Sie sucht nach direkten und indirekten Ursachen und beachtet Zusammenhänge und Entwicklungen. Fehler entstehen in der Regel nicht isoliert, sondern treten im System und in der Interaktion auf. Interessant ist, wenn Fehler nicht sofort beurteilt werden, sondern diese zunächst im Hinblick auf Hypothesen und Begründungen untersucht werden. Kinder lernen durch Nachahmung und Konditionierung, aber vor allem durch Versuch und Irrtum. **Fehler gehören also zum Lernen. Wer sich dessen bewusst ist, kann souverän mit ihnen umgehen.**

Wichtig!

Das persolog® Verhaltensprofil beschreibt vier Verhaltensdimensionen bei Leitungen.

Dominante Typen sind aktiv und entschlossen, sie möchten ihr Team formen, Widerstände überwinden und Ergebnisse erzielen.

Initiative Typen sind gesprächig und offen, sie möchten ihr Team formen und andere einbinden, um Ergebnisse zu erzielen.

Stetige Typen sind verlässlich und kooperativ, sie möchten mit anderen zusammenarbeiten, um Ergebnisse zu erzielen.

Gewissenhafte Typen sind diszipliniert und besorgt, sie möchten mit anderen über mögliche Konsequenzen von Aktivitäten reden, um Ergebnisse zu erzielen.

(vgl. Geier & Downey 2017, 10–11)

Natürlich treten die Verhaltensdimensionen bei Leitungen auch in gemischter Form auf, wobei meist ein bis zwei Typen überwiegen.

Praxisübung: Erkennen negativer Glaubenssätze

Kita-Leitungen können erforschen, ob sie negativen Glaubenssätzen folgen, die die Teamarbeit erschweren. Dazu dient der folgende Selbsttest, der möglichst ehrlich beantwortet werden soll, damit er neue Erkenntnisse erbringt. Nur durch Ehrlichkeit können negative Glaubenssätze erkannt und neue und für die Teamarbeit fördernde Glaubenssätze entwickelt werden.

	Ja	Nein
Suche ich immer nach der perfekten Lösung?	☐	☐
Ist gut nie gut genug?	☐	☐
Bin ich oft unzufrieden mit mir oder mit anderen?	☐	☐
Kann ich mich schwer (er)freuen?	☐	☐
Hadere ich im Rückblick oft mit Entscheidungen, die ich getroffen habe?	☐	☐
Verurteile ich mich oder andere streng für Fehler?	☐	☐
Ärgere ich mich oft über mich oder andere?	☐	☐
Habe ich einen schlechten Zugang zu meinen Gefühlen oder zu den Gefühlen anderer?	☐	☐
Fühle ich mich oft für andere verantwortlich?	☐	☐
Definiere ich mich und mein Leben hauptsächlich über Leistung(en)?	☐	☐
Verbummle ich gerne Termine oder vergesse Zusagen?	☐	☐
Nehme ich gerne jeden Kampf auf?	☐	☐
Kommuniziere ich indirekt und verlasse mich darauf, dass andere Gedanken lesen können?	☐	☐
Kann ich schwer Anerkennung geben?	☐	☐
Kontrolliere ich meine Gefühle stark?	☐	☐
Sehe ich das Glas eher halb leer denn halb voll?	☐	☐
Empfinde ich mein Leben öfter als sinnlos?	☐	☐
Kann ich mich oder andere schwer loben und wertschätzen?	☐	☐
Fehlen mir Visionen und Ziele für mein Leben?	☐	☐

(vgl. Mannhard 2018b)

Hinweis: Hinter Fragen, die mit Ja beantwortet werden, verbergen sich negative Glaubenssätze. Sie können auf der Ebene des Seins (Sei nicht! oder Sei nicht wie du bist!), auf der Ebene der Leistung in Form von Antreibern (Versage! oder Versage nicht!), auf der Ebene der Gefühle (Fühle nicht! oder Zeige deine Gefühle nicht!) und auf der Ebene der Handlung (Frag nicht! oder Tu das nicht!) vorhanden sein (vgl. das Konzept der Antreiber auf S. 66 f.).

Wer einige Fragen mit Ja beantwortet hat, kann sich nun fragen:

- Was möchte ich gerne loslassen?
- Was hindert mich daran?
- Was belastet mich?
- Von was könnte ich mich befreien?
- Welche Gedanken oder Gefühle würde ich gerne loslassen?
- Welches Verhalten möchte ich aufgeben?
- Angenommen, ich könnte all das loslassen, was würde sich in meinem Arbeitsleben verändern?
- Wie würde ich mich dann fühlen?

Fragen zur Selbstreflexion

Die Teamleitung kann immer wieder reflektieren, wo sie in ihrer Tätigkeit und persönlich steht und sich folgende Fragen stellen:

- Was begeistert mich an meiner Tätigkeit?
- Was lässt mich bei meiner Arbeit die Zeit vergessen?
- Wofür gehe ich in meiner Arbeit gerne an (meine) Grenzen?
- Welchen beruflichen Traum möchte ich mir noch erfüllen?
- Was würde ich tun, wenn ich nicht für Geld arbeiten müsste?

2.3 Teamkommunikation

Wie ein Team nach innen und außen kommuniziert, trägt in hohem Umfang zum Teamklima bei.

Offenheit und Wertschätzung sind wichtige Säulen einer Teamkommunikation. Die Mitglieder eines Teams kommunizieren konstruktiv miteinander, wenn diese

- eindeutig sagen, was sie meinen,
- konkret in Ich-Botschaften sprechen,
- aktiv zuhören,
- die Aufgaben- und Beziehungsebene beachten und
- gegenseitige Wertschätzung aufweisen.

Kleine Missverständnisse belasten die Arbeitsatmosphäre, weshalb neben der erforderlichen Wertschätzung zentral ist, dass offen und direkt miteinander gesprochen wird.

Wichtig!

Friedemann Schulz von Thun benannte vier Seiten einer Nachricht:

Es gibt die Inhaltsebene beziehungsweise den Sachverhalt.

Eine zweite Seite ist die Selbstoffenbarung, die der Sprecher durch das Gesagte zeigt.

Drittens geht es um die Beziehungsebene. Was sagt das Gesagte zur Beziehung zwischen Sender und Empfänger einer Nachricht aus?

Auf vierter Ebene kann die Botschaft einen Appell an den Empfänger enthalten.

(hier nach Lindner 2016, 33–37)

Feedbackkultur

Wenn ein Team regelmäßig und konstruktiv kommuniziert, wird es vermutlich wichtige Feedback-Regeln einhalten. Diese beinhalten, dass Teammitglieder sich gegenseitig ausreden lassen, positive Rückmeldungen die negativen beziehungsweise kritischen überwiegen, Wahrnehmungen beschrieben und nicht interpretiert werden sowie jedes Mitglied konkret aus der eigenen Perspektive spricht. Ein Team muss eine eigene Identität vorweisen und an sich glauben. Dies bedeutet, dass zuvor die eigenen Werte und Glaubenssätze transparent untereinander kommuniziert und Absprachen über die übereinstimmenden Inhalte getroffen wurden. Damit ist ein Team handlungsfähig und kann Entscheidungen fällen, die alle mittragen. Wenn es zu Störungen auf der Ebene der Handlungskompetenzen kommt, liegt dies meist entweder an nicht kommunizierten oder an zu wenig übereinstimmenden Werten und Glaubenssätzen. **Ein Team muss über das Wichtige miteinander sprechen und nicht, wie es manchmal in Besprechungen vorkommt, über Unwichtiges oder Dinge, die alle bereits wissen.** Übereinstimmende Werte und Glaubenssätze bestimmen die Motivation und Interessen sowie die Wege, für die ein Team sich (miteinander) entscheidet. Daraus entstehen Normen und Regeln für die Qualität der Aufgabenerfüllung und auf Beziehungsebene. Dieser Prozess gelingt nicht ohne offene, konkrete und transparente Kommunikation. Durch diese erhält das Team Orientierung und Halt. Es kann Ziele und Wege der Erreichung entwickeln. Positive Kommunikation und bestätigendes Feedback bestärkt den Zusammenhalt eines Teams. Die Mitglieder spüren eine gute Bindung und widmen sich engagiert den Angelegenheiten und Aufgaben.

Praxistipp: Teamwerte

Ein Team kann eine zuvor verabredete Anzahl an Werten, die die Mitglieder verfolgen, festlegen. Diese werden in gemeinsamer Abstimmung für alle sichtbar aufgelistet. Dann äußert sich jedes Teammitglied zu jedem einzelnen Wert und weshalb dieser eine wichtige Bedeutung für es hat.

Folgefragen sind:

- Wie wird der jeweilige Wert konkret im Team umgesetzt bzw. gelebt?
- Welche Absprachen und Regeln ergeben sich daraus?
- Welche Ziele werden damit verfolgt?

Mithilfe der Antworten aus dieser Praxisübung kann das Team in einem zweiten Schritt in einem „Teamvertrag" die gemeinsamen Werte und die Wege der Umsetzung schriftlich festlegen.

Praxistipp: Teamvertrag

Einen Teamvertrag kann ein Team nicht nur zu gemeinsamen Werten herstellen, sondern auch zum kommunikativen Umgang im Team:

Das Team legt fest, in welcher Art und Weise es miteinander kommunizieren möchte und was hingegen nicht erlaubt ist. Das Team einigt sich dabei auf gemeinsame Kommunikationsregeln (vgl. Feedback-Regeln), die von allen verbindlich eingehalten werden.

Heiko Hansen schlägt **Team-AGs zur Problemlösung** vor, die auch unter dem Aspekt der Teamkommunikation sehr gut greifen. Das Team kann miteinander analysieren und besprechen,

- wann, wie und warum ein Problem (immer wieder) auftaucht,
- welche Personen an einem Problem beteiligt sind,
- was das Problem mit den Teamcharakteren zu tun hat,
- welche Emotionen (häufig) gezeigt werden,
- was Motive und Gründe für die Ursache eines Problems sein könnten,
- ob das Problem direkt kommuniziert wird oder eher interpretiert werden muss,
- welche Werte, Glaubenssätze und Interessen das Problem bestärken,
- ob es eher um die Aufgaben- oder um die Beziehungsebene geht,
- ob das Problem durch bestimmte Strukturen der Einrichtung aufrechterhalten wird.

(Hansen 2014, 105)

In einem zweiten Schritt können Lösungsmöglichkeiten erarbeitet werden. Das Team bespricht miteinander, welche Wege sich abzeichnen könnten, und welche Einstellungen und Verhaltensweisen gegebenenfalls verändert werden müssten.

Es wird dann betrachtet, welche Anteile die Teamführung und der Träger hat und wer welche Schritte unternehmen müsste. Die Rahmenbedingungen für getroffene Maßnahmen müssten festgelegt werden, zum Beispiel, ob eine (externe) Teambegleitung sinnvoll ist und wieviel Zeit sowie welche Ressourcen für die Umsetzung bereitgestellt werden.

Wenn ein Problem erfolgreich gelöst wird, kann das Team das feiern und sich gegenseitig wertschätzen und anerkennen.

2.4 Konfliktmanagement

Hinter Konflikten im privaten und beruflichen Umfeld stecken tiefe Veränderungswünsche und Bedürfnisse. Oft geraten wir in Konflikte, wenn wir einen wichtigen nächsten Schritt für unsere persönliche Weiterentwicklung noch nicht gehen können und Angst haben. **Eine Chance ist, Konfliktpartner nicht als Gegner, sondern als Verbündete anzusehen.** Sie machen uns darauf aufmerksam, womit wir noch nicht genug zu uns selbst und nicht auf unserer Seite stehen. Denn im Konflikt lernen wir uns und unsere tiefen Träume besser kennen als in vielleicht scheinbar harmonischen Beziehungen ohne Reibung. So können wir die Chancen in Konflikten wahrnehmen und einen Nutzen für die persönliche und berufliche Weiterentwicklung daraus ziehen. Bislang nicht gelebte Wünsche und Bedürfnisse können wir auf diese Weise integrieren (Mannhard 2018c).

Ein Beispiel
Eine Erzieherin führt aufgrund ihrer Fertigkeit, Gitarre spielen zu können, jedes neue Lied mit den Kindern ein. Nun ist sie es leid, dass sie von ihren Kollegen und Kolleginnen nur auf die musikalischen Angebote der Kita festgelegt wird. Vielmehr möchte sie sich in einem neuen Bildungsbereich der Einrichtung erproben. Es kommt zum Streit, denn zum einen hat eine andere Kollegin sich ebenfalls Hoffnungen auf diesen Bereich gemacht, und zum anderen müsste eine Dritte, die auch ein Instrument spielt, künftig die Liedeinführungen übernehmen.

Die Erzieherin setzt sich am Ende durch und bekommt den neuen Bildungsbereich. An ihrer Überzeugungskraft und an ihrem Durchsetzungsvermögen erkennt sie, wie wichtig ihr diese berufliche Veränderung ist. Sie möchte nicht mehr tagaus, tagein hauptverantwortlich für die musikalischen Angebote in der Kita zuständig sein. Darin sieht sie keine Weiterentwicklung mehr für sich selbst. Hätten die Kolleginnen es ihr leicht gemacht und sofort nachgegeben, hätte sie nicht gemerkt, wie wichtig ihr das Anliegen wirklich ist und welche Chancen sie darin sieht. Sie nimmt es erst wahr, als ihr im Konflikt bewusst wird, dass sie sich ohne eine Einigung in einer anderen Kita beworben hätte, um dort den Bildungsbereich zu übernehmen.

Konflikte sind unangenehm, kratzen an unserem Selbstbewusstsein und können hilflos und wütend machen. Wenn wir sie nicht lösen, können sie auf Dauer sogar ursächlich für Krankheiten gelten. Leider glauben viele Menschen bei schweren Zerwürfnissen nicht an eine Veränderung. Sie schreiben anderen die Schuld und damit das Fortbestehen des Konflikts zu. **Es ist ein Missverständ-**

nis, dass es in einem Konflikt einen Schuldigen geben muss. Viele sehen den eigenen Anteil nicht, denn schließlich wird ja nur auf das Fehlverhalten eines anderen reagiert. Wir suchen gerne nach eindeutigen Ursachen und teilen Sachverhalte in schwarz und weiß ein. Das lineare und kausale Denken, das in wissenschaftlichen Kontexten sinnvoll ist, hilft im zwischenmenschlichen Bereich wenig. Auch die Idee, Konflikte zu vermeiden, ist nicht hilfreich. Diese können vielmehr Anlass sein, die eigenen, meist unbewussten Träume und Entwicklungswünsche kennenzulernen. Trennende Konfliktlösungsstrategien können so aufgegeben werden und ein neues Miteinander entsteht. Dies geschieht geradezu erst durch die Reibung, durch die wir unsere Interessen vertreten und herausfinden, ob es bei Unterschieden dennoch ein Wir geben kann. Insofern ist ein Konflikt immer auch ein Beziehungsangebot.

Wichtig!

Sind unsere Bedürfnisse versteckt, provozieren wir manchmal Zusammenstöße, um sie besser wahrzunehmen. Im Konflikt vertreten wir das, was uns wirklich wichtig ist. Krisen und Veränderungsphasen sind besonders konfliktanfällig. Alte Identitäten und Glaubenssätze müssen aufgegeben und neue Wege gefunden werden. Mit mehr Einsicht in diese Prozesse geht es nicht mehr darum, wie der vermeintliche Gegner bekämpft werden kann, sondern vielmehr um die Frage, wie die persönliche Weiterentwicklung vonstattengehen kann.

Praxistipp: Geheime Wünsche erkennen

Gehen wir noch einen Schritt weiter und lösen uns von sichtbaren Ereignissen. Wir schränken uns in unserem Erleben ein, wenn wir nur die Personen, mit denen wir kämpfen, und die realen Geschehnisse betrachten. Interessanter ist, tiefer zu blicken und unsere geheimen Wünsche hinter einem Konflikt ernst zu nehmen. Wir streben immer wieder neu unserer eigenen Stabilität und Ordnung entgegen. Und manchmal gehören Veränderungswünsche auch zu einer ganzen Gruppe oder Gemeinschaft.

Konflikte als Prozess

Um die Botschaften unserer Herzenswünsche zu entschlüsseln, benötigen wir einen neuen Blick auf die Konflikte, die uns tiefer beschäftigen. Wir sollten alle Gefühle und Zustände als bedeutsam anerkennen. Aus dem Zusammenspiel von Gegensätzen und Widersprüchen ergibt sich eine Bewegung und letztendlich auch ein Wandel. **Die östliche Philosophie nimmt an, dass in der Art und Weise, wie sich die Dinge entfalten, auch alles enthalten ist, was einer Lösung dient.** Wenn wir dem natürlichen Fluss mit allen Biegungen und Umwegen folgen, sind wir auf einem guten Weg. Das kann bedeuten, uns im ersten Moment gegen einen Menschen oder Umstand zur Wehr zu setzen, um ihn im nächsten zu akzeptieren, und um dann ein gemeinsames Ziel zu sehen und die Situation zu verwandeln. Wir können uns dabei die Essenz bewusst machen, die in den Geschehnissen liegt. So können wir zu einer Veränderung der Situation beitragen.

Wichtig!

Befinden wir uns in schmerzhaften Auseinandersetzungen, würden wir die Ereignisse gerne von uns weisen. Wir sehen sie als überflüssig oder störend an. Damit ist der Konflikt in der Regel aber nicht gelöst. Stattdessen können wir uns fragen: Was ist gut an diesem Konflikt, wozu dient er? Welche Wünsche an eine Entwicklung treten zu Tage? Wenn Polarisierung unterlassen wird – was zeigt sich als Essenz des Konfliktes?

Die tatsächliche Motivation und welche Dynamiken sich in einer Gemeinschaft entwickeln, sind uns meist nicht sofort offen zugänglich. Es braucht eine fragende Grundhaltung und das Interesse, hinter die Kulissen zu blicken. Der unbewusste Raum und, wie es C. G. Jung nennt, das persönliche und kollektive Unbewusste, wirkt stärker auf unser Handeln ein, als wir vielleicht glauben. Nach Arnold Mindell besitzen wir eine persönliche Identität und eine Identität in der Gruppe. Es gibt Prozesse und Verhaltensweisen, mit denen wir uns identifizieren, ebenso gibt es welche, die wir ablehnen. Dennoch können wir versuchen, ein Verständnis zu entwickeln. Zwischen diesen Polaritäten können wir uns fragen: Was sind meine Wünsche, und was sind die des anderen? Was sind die Wünsche der Gruppe, in der wir uns beide befinden? (vgl. Mannhard 2018c)

Verbündete statt Gegner

Eine provozierende These ist, dass Personen, die uns stark aufregen, beschäftigen oder die wir sogar ablehnen, etwas in sich oder in ihrem Verhalten tragen, das wir selbst benötigen. Wir lernen im Konflikt mit ihnen unsere Wünsche und Bedürfnisse kennen. **Insofern finden wir ein gemeinsames Thema, wenn wir tiefer blicken und uns von der Oberfläche der Ereignisse lösen.**

Genau genommen kann man sich mit dieser Einsicht über jeden stärkeren Konflikt freuen. Es geht dann nicht mehr darum, wie man ihn oberflächlich schnell behebt oder unter den Teppich kehrt. Die Gefühle und Ansichten aller am Konflikt Beteiligten sollten ausgedrückt werden. Das können auch schmerzhafte oder angstauslösende Empfindungen sein. Diese zeigen umso mehr, welche bedeutsamen Themen dahinterstecken. Im Umgang mit diesen ist Mitgefühl mit sich selbst und anderen wichtig. Ein Trugschluss ist, eine besonders harmonische mit einer guten Beziehung zu verwechseln.

Mit der Strategie der Konfliktvermeidung ist es kaum möglich, eigene oder andere Entscheidungen zu treffen und sich zu entwickeln. Alles wird dann dem Harmoniediktat untergeordnet. **Dabei sind wir alle darauf angewiesen, dass wir, auch wenn wir anders denken, fühlen und handeln, immer noch zur Gemeinschaft gehören.** Wir gehören dazu und werden angenommen, wenn wir in konstruktiver und fördernder Weise Konflikte lösen und die dahinter liegenden Prozesse anerkennen. Eine solche Haltung wirkt sich positiv auf unsere Gesundheit und persönliche Weiterentwicklung, und damit auch auf die Gemeinschaft aus. Was manchmal in beruflichen Beziehungen fehlt, ist die persönliche Freiheit. Persönliche Freiheit ist auch die Erlaubnis, Unterschiedliches und vielleicht Trennendes zu denken, zu fühlen und mitzuteilen. Diese können wir uns und anderen aber nur selbst geben. Wir müssen auch mit der Angst umgehen können, die diese Gedanken und Gefühle vielleicht auslösen. Wer sich in einem Team oder in einer Partnerschaft dennoch als Verbündete erlebt, kann auch Krisen überstehen und die Beziehung auf ein qualitativ anderes, befriedigenderes Niveau heben (vgl. Mannhard 2018c).

Praxisübung: IAS-Sprache

Im Hörbuch „Konfliktlösungen“ nach dem gleichnamigen Buch von Christel Frey (2013, Kapitel 5) wird folgendes Modell für eine konstruktive Kommunikation beschrieben:

I-Sprache: Jedes Teammitglied kann seine individuellen Sichtweisen in klaren Ich-Botschaften äußern.
A-Sprache: Jeder vermittelt (durch offene Fragen) sein Interesse am anderen und erfährt dadurch die Gedanken, Meinungen und Wünsche seines Gegenübers. Die Balance in der Kommunikation besteht im Aussprechen der eigenen Meinung und im Interesse an der Meinung des anderen. Dies ist die Basis für eine konstruktive Konfliktlösung.
S-Sprache: Diese Sprache bezieht sich auf die Interaktion mit dem Selbst. Sie besteht aus einer selbstbestärkenden Seite, die das Selbst anerkennt, lobt und unterstützt und aus einer kritischen Seite, die herausfordert, wenn das Selbst es sich zu leicht machen will, Schwierigkeiten aus Bequemlichkeit ausweicht oder so handelt, dass es dem Selbst nicht guttut.

Diese Ebene steuert den eigenen Selbstwert und Schutz, das aktive Handeln, das Selbstmanagement oder, anders ausgedrückt, die Selbstführung. Sie ist besonders wichtig im Umgang mit unangenehmen Gefühlen wie Ärger, Frustration oder Wut und für eine gute Fehlerkultur in einem Kita-Team, so dass das Teammitglied sich selbst und anderen bei Fehlern verzeiht und aus ihnen lernt.

Praxistipp: Anti-Ärger- und Anti-Stress-Strategie

Gudrun Fey (2015) beschreibt in ihrem Buch „Gelassenheit siegt!“ die folgende Anti-Ärger- und Anti-Stress-Strategie:

A= adversity (Widrigkeit): Auslöser des Ärgers ist ein negatives Ereignis. Das Kita-Team oder nur die von einem Konflikt betroffenen Mitglieder forschen nach dem Auslöser, an dem sich Ärger und Streit entzündet hat.
B= belief (Glaube): Wir aktivieren zunächst unsere persönlichen Glaubenssätze und Überzeugungen als Reaktion auf das negative Ereignis. Jedes (betroffene) Mitglied kann sich selbstkritisch und ehrlich fragen, wie es zu dem Ereignis denkt, fühlt und (zunächst automatisiert) handelt.
C= consequences (Konsequenzen): Die Glaubenssätze und Überzeugungen sind Ursache für unsere Gefühle und die daraus resultierenden Handlungen. Jedes (betroffene) Mitglied kann sich der (negativen) Konsequenzen seiner gedanklichen Überzeugungen bewusst werden.
D= disput (Disput): Um die Glaubenssätze und Überzeugungen erst einmal zu hinterfragen, und nicht vorschnell auf sie zu reagieren, kann man sich folgende Fragen stellen:

- Gibt es Beweise für meine Überzeugungen?
- Gibt es alternative Erklärungen?
- Worauf beruhen meine Annahmen?

E= energy (Energie): Wenn Schritt 1–4 lösungsorientiert durchlaufen wurden, entweder in gemeinsamer Abstimmung im gesamten Kita-Team oder unter den von einem Konflikt betroffenen Mitgliedern, gegebenenfalls mit einer Moderation durch die Leitung (wenn diese selbst in den Konflikt involviert ist, ist eine externe Moderation sinnvoll), werden gemeinsam alternative, beruhigende und konstruktive Glaubenssätze und Überzeugungen gefunden. Dies fördert die eigene Energie und wirksame (neue) Vorsätze und Handlungen in der Zusammenarbeit (vgl. Fey 2015, 164).

Das Modell zeigt die Chance für die Teamarbeit auf, aus automatisierten persönlichen Ärger- und Stressmustern auszusteigen und gemeinsam neue Handlungsoptionen zu entwickeln. Wenn Teammitglieder ihre Glaubenssätze und Überzeugungen hinterfragen und zu diesen ein vertrauensvoller Austausch im Kita-Team stattfindet, können alle ihre Gefühle und Handlungen reflektierter und selbstwirksam steuern. Das kommt der gesamten Teamarbeit zugute, da negative und hinderliche Gedankenmuster zugunsten positiver und fördernder überwunden werden.

Prävention

In einem Konflikt geht es immer darum, zunächst die eigene Position wahrzunehmen. Ein Konflikt entsteht meist dann, wenn wir das vernachlässigt und nicht auf unserer Seite gestanden haben.

Wir haben beispielsweise einen Arbeitsplatz nicht verlassen, der unsere persönliche und berufliche Weiterentwicklung behindert, weil wir Angst um unsere finanzielle Sicherheit haben. Damit stehen wir zu wenig für uns selbst ein, und für unser Bedürfnis. Wir stehen mehr auf der Seite derer, die uns zu verstehen geben, dass unsere Weiterentwicklung nicht wirklich von Bedeutung ist.

Wenn wir eine Seite in uns vernachlässigen, wird sie irgendwann „auffällig“ und konflikthaft. Allerdings kämpfen wir dann oftmals eher darum, dass der/die andere uns versteht und unser Bedürfnis anerkennt. Viel wichtiger wäre, einfach zu uns zu stehen, und unser Denken und Handeln nicht mehr von anderen abhängig zu machen.

Eine provozierende Ansicht könnte sein, dass andere geradezu Nein sagen müssen, um uns zu zwingen, zu uns selbst zu stehen. Damit haben wir einen Verbündeten statt eines Gegners im Konflikt. Wenn wir unsere Wünsche und Bedürfnisse wirklich ernst nehmen, sagen wir: „So bin ich, das will ich, das ist mir wichtig“. Ein ehrliches Nein, wenn wir etwas ablehnen, kann damit zu einem großen Ja für uns selbst werden. Die Gefahr, andere zu verletzen, ist auf diese Weise gering. Wenn es doch geschieht, ist es sinnvoll zu fragen, was der Anteil des/der anderen seiner Verletzbarkeit ist. Weshalb fühlt er sich durch dieses klare Einstehen für mich selbst angegriffen oder verletzt?

Die Erlaubnis für das Auf-der-eigenen-Seite-Stehen können wir uns nur selbst geben.

3 Teamgesundheit

3 Teamgesundheit

Erzieherinnen und Erzieher sowie die Leitungen sind in ihrem Beruf häufig sehr engagiert und werden gleichermaßen stark gefordert. Sie können nur gesund bleiben, wenn sie achtsam mit sich selbst umgehen, und entweder aus ihrer Arbeit genügend neue Kraft schöpfen oder ausreichend Ausgleich im Privatleben haben.

Die berufliche Tätigkeit sollte auch der Persönlichkeitsentwicklung dienen, sonst ist sie auf Dauer meist nicht befriedigend. Dazu ist es erforderlich, seine Gefühle gut wahrzunehmen und einen konstruktiven Umgang mit Stress zu erwerben. Ursachen von Stress liegen entweder in einem selbst oder in ungünstigen Rahmenbedingungen der Tätigkeit. Auf persönlicher Ebene sind dies die eigenen Leistungsansprüche und die Gestaltung der beruflichen und privaten Beziehungen. Die Rahmenbedingungen des Arbeitsplatzes können, wenn sie ungünstig sind, Stress und Überlastung forcieren.

Dazu gehören beispielsweise:

- eine nicht ergonomische Raumausstattung,
- zu viele Aufgaben bei ungenügender Zeit oder fehlenden Ressourcen,
- Personalmangel,
- fehlende Förderung und Möglichkeiten der Weiterentwicklung,
- geringes Gehalt,
- eine schlechte Führung in Form von Druck, Fehlerintoleranz, mangelnder Wertschätzung, mangelnder Anerkennung der Leistungen und/oder der Person,
- nicht abgestimmte Erwartungen aneinander,
- uneinheitliche oder gegensätzliche Werte,
- ungeklärte Konflikte und/oder
- fehlende Zeit für Gespräche und Austausch.

Praxisübung: Stressoren identifizieren

Fragen Sie sich, auf welchen Ebenen Sie bei der Arbeit Stress empfinden und weshalb:

- Raumbedingungen
- Zeitmangel und Zeitdruck
- Personalmangel
- Störungen und Unterbrechungen
- Teamkonflikte
- Konflikte mit Vorgesetzten
- Unterschiedliche pädagogische Ziele und/oder Werte im Team, gegenüber der Leitung, gegenüber dem Träger
- Diskrepanz zwischen Anforderungen/Erwartungen und Rahmenbedingungen/Ressourcen
- Fehlende Abgrenzungsmöglichkeiten
- Zu viele organisatorische/verwaltende Verpflichtungen, die Zeit für die pädagogischen Aufgaben nehmen
- Allen Kindern gerecht werden zu müssen
- Ansprüche/Erwartungen der Eltern

3.1 Persönlichkeitsstärkung

Eine gute Selbstachtung und ein ausgeprägtes Selbstwertgefühl sind zentral für psychische und seelische Gesundheit, und damit auch wichtig für die körperliche Gesunderhaltung.

Wenn Erzieherinnen und Erzieher sich in ihrer Tätigkeit selbstwirksam fühlen und (mit)gestalten können, erleben sie sich als kompetent und handlungsfähig. „Emotionale Selbstwirksamkeit entsteht dann, wenn man das eigene emotionale Erleben akzeptiert und sich im Allgemeinen so fühlt, wie man sich fühlen möchte. Dies steht in Zusammenhang mit der Selbstregulationsfähigkeit." (Schneewind 2011, 41)

Vier Schlüssel für emotionale Selbstwirksamkeit

Schlüssel 1

Das Wahrnehmen und Akzeptieren all unserer Gefühle führt dazu, dass wir unsere eigenen Bedürfnisse besser kennenlernen. Wenn wir sie dann noch verbalisieren, und, wenn nötig, auch vertreten, erleben wir uns als selbstwirksam. Wir stehen für uns ein, und für das, was uns wichtig ist und vertreten es auch nach außen. Dies gibt uns eine gute Basis, auch Konflikte durchzustehen.

Schlüssel 2

Wenn wir uns selbst gut wahrnehmen, stehen die Chancen gut, dass wir eine ausreichende Empathie auch für die Emotionen anderer aufbringen. Dies ist eine wichtige Grundlage, dass wir miteinander über Gefühle sprechen und unsere Gefühle gegenseitig achten.

Schlüssel 3

Dass wir unsere Emotionen verbalisieren können und die anderer verbal spiegeln, ist die Basis zwischenmenschlicher Kommunikation. Unsere inneren Zustände mitteilen zu können, gibt uns Handlungsfähigkeit. Wir können Ziele ableiten, und wir können mit anderen in einen Austausch zu ihren Zielen treten. Gerade die pädagogische Arbeit verlangt, dass Erzieherinnen und Erzieher ihre eigenen Emotionen reflektieren und darüber ins Gespräch gehen können.

Schlüssel 4

Der Umgang mit positiven Emotionen ist leichter als mit unangenehmen Gefühlen. Zur emotionalen Selbstwirksamkeit gehört, dass wir auch mit diesen und zeitweisen Phasen der Belastung umgehen können.

Wenn wir der Meinung sind, dass in einem Kita-Team die Dinge nicht zum Guten stehen, sind wir auf ein Hindernis gestoßen, das eine Diskrepanz zwischen dem, was wir möchten oder wie wir uns fühlen wollen und dem, was derzeit ist, darstellt. Solche Schwierigkeiten sind als normal anzunehmen und es hilft, wenn das akzeptiert wird. Es gibt immer Dinge, die in einem Team nicht so laufen oder nicht so sind, wie wir uns das wünschen. Die Akzeptanz dessen ist ein erster Schritt, Druck abzubauen und damit auch das Gefühl von Enge, Bedrängnis und Angst. **Die meisten Hindernisse sind bewältigbar.** Mit einer solchen Haltung kommt ein Kita-Team weiter als mit Resignation. Der zweite Schritt ist, dass alle Team-Mitglieder oder einzelne Betroffene all ihre Gefühle, die mit dem Hindernis verbunden sind, zulassen und sich darüber austauschen. Emotionen, auch die unangenehmen, sind kein neues Hindernis, sondern eine Hilfe. Sie sagen etwas aus und weisen uns den Weg.

Praxisübung: Die Dinge zum Guten wenden

In einer Teamsitzung oder in einer Kleingruppe mit ausgewählten Teammitgliedern, die ein Anliegen zu einem Hindernis in der Zusammenarbeit klären möchten, ist diese Übung sehr hilfreich.

1. Bewusstwerden

Die Beteiligten schreiben ihre Gefühle auf oder sie malen ein (großes) Bild dazu. Dabei werden Emotionen als „Diener" für sich selbst und für das Kita-Team und nicht als „Herrscher" betrachtet. Sie weisen uns den Weg.

2. Austauschen

Jedes Mitglied hat nun die Chance, im Austausch mit dem gesamten Team oder in der Kleingruppe mit einzelnen betroffenen Mitgliedern, seine Gefühle anderen gegenüber ehrlich auszudrücken und sich Unterstützer/innen zu suchen. Die Voraussetzung für den Austausch ist Ehrlichkeit. Wenn alle Beteiligten ehrlich sind, sich öffnen und mitteilen, gehen sie den Weg des Herzens von Herz zu Herz. Sie spüren die eigenen Leidenschaften, Emotionen und Werte und die der anderen. Sie freunden sich mit ihren eigenen Gefühlen und denen der anderen an.

3. Priorisieren und fokussieren

Alle Beteiligten priorisieren ihre Gefühle im Hinblick auf das Hindernis und nehmen damit eine Eingrenzung und Fokussierung vor. Auf diese Weise wird das Hindernis nicht größer, als es ist. Vor allem lassen die Beteiligten so nicht zu, dass es die gesamte Kita-Arbeit überschattet.

4. Überwinden oder loslassen

Jedes Teammitglied kann für sich selbst erkennen, und in einem zweiten Schritt mit den anderen gemeinsam, ob es Sinn macht, das Hindernis zu überwinden und dafür Kraft und Anstrengung aufzubringen, oder ob es klüger ist, darum herum zu gehen, oder aber den Rückzug anzutreten und es schließlich loszulassen. Das Hindernis muss sehr genau definiert werden, um solche Entscheidungen treffen zu können. Ebenso muss reflektiert vorweggenommen werden, welche Lösungen sich auf den verschiedenen Wegen abzeichnen könnten und für welche man sich entscheiden will.

Wenn ein Kita-Team oder die betroffene Kleingruppe erkennt, wie gewichtig das Hindernis ist, kann besser eingeschätzt werden, ob genügend Ressourcen vorhanden sind oder ob diese erarbeitet werden können, um es zu überwinden. Dabei ist wichtig zu fragen, wie dringend eine Lösung ist und was erreicht werden soll.

5. Bewältigen: Die Angst besiegen

Wenn das Kita-Team das Hindernis bewältigen will, muss es seine Angst besiegen. Mit Angst lassen sich Probleme schlecht lösen. Sie lähmt, beeinträchtigt unser Urteilsvermögen, macht unkreativ oder gaukelt uns eine falsche Bequemlichkeit vor, mit der wir uns nicht weiterentwickeln. Die Herausforderungen, die in einer Zusammenarbeit in einem Kita-Team durch Hindernisse entstehen, bringen meist Ängste (vor Veränderungen) hervor, die, wenn sie nicht genauer untersucht werden, nicht in neuen Wegen münden, sondern eher wie ein Reflex in Angriff (Konflikte und Streitereien) oder in Flucht (Vermeidung, – innere – Kündigung).

Das innere Team

Unsere Interaktionen finden immer auf zwei „Bühnen“ statt, auf einer äußeren und einer inneren. Die äußere Ebene ist sichtbar, die innere bleibt oft nach außen verborgen, sollte jedoch bewusst sein. **Innere Bestrebungen beeinflussen unser Denken, Fühlen und Handeln maßgeblich, und wir wirken damit auf andere ein.**

Das innere Team kennenzulernen bedeutet, dass wir unseren Selbstdialog analysieren und damit zur Selbstklärung beitragen. Dann können wir auch klar nach außen auftreten.

Praxistipp: (Anregung zur) Selbstreflexion: Der innere Dialog

Wie kommuniziert Ihr inneres Team miteinander? Abwägend, harmonisch, alle Interessen berücksichtigend oder streitend und sich gegenseitig abwertend?

Wenn wir die verschiedenen Interessen, die oftmals nach dem Motto: „Es schlummern zwei Seelen in meiner Brust“ auftreten, wahrnehmen, können sie in einen konstruktiven Dialog miteinander treten. Die verschiedenen Stimmen sind Anteile der eigenen Persönlichkeit und sollten von uns gleichermaßen wertgeschätzt werden.

Beispiel

Sie werden gefragt, ob Sie einen interessanten Vortrag zur individuellen Konzeption der Einrichtung in einem Symposium halten möchten.
Die Expertin in Ihnen fühlt sich geehrt.
Die begeisterte Praktikerin sagt: „Na, endlich kann ich mein Tun einmal einer größeren Öffentlichkeit präsentieren.“
Die Organisatorin in Ihnen überlegt, wie sie den Beitrag gut strukturiert und präsentiert.
Die Kritikerin mahnt, dass Sie nicht genug Zeit neben einer Vollzeitstelle haben, um den Vortrag vorzubereiten.
Die Zweiflerin flüstert erschreckt: „Oje, was habe ich anderen in einem Symposium schon Wichtiges mitzuteilen?“
Die Optimistin ermutigt, dass Sie das schon hinbekommen.
Die Realistin meint, dass Sie nur das, was Sie in der Praxis tun, in eine angemessene Form für einen Vortrag bringen müssen, und dass Sie dazu einen Zeitplan aufstellen werden.

Nutzen Sie Ihr inneres Team! Hören Sie den verschiedenen Stimmen gut zu und entwickeln Sie daraus einen Plan für Ihr Handeln. Wer alle Stimmen einbindet und die Vorteile sowohl des Kritikers als auch des Optimisten schätzt, kann wirkungsvolle Überlegungen anstellen, die mit Kopf, Herz und Hand in Umsetzungen resultieren. **Die verschiedenen Stimmen sind häufig tatsächlich in Teams vertreten.** Auch da finden sich Mitglieder, die zum Beispiel hauptsächlich mahnend, kritisch, realistisch oder vor allem optimistisch und begeistert sind.

Alle Seiten haben ihre Qualitäten und in einem Team können sie gegenseitig fördernd aufeinander einwirken.

3.2 Resilienz

Wir kennen es vermutlich alle: Etwas hat sich als Drama angelassen und entpuppt sich zu einem Glücksfall. Leider kann das anfangs meist noch nicht gesehen werden.

Probleme und (neue) Herausforderungen gehören zum Leben. Nicht alle lassen sich lösen. Manchmal kommt man weiter, wenn man sie annimmt. Und manchmal sind es Wegweiser, die sich uns ins Leben stellen und dabei helfen, eine längst fällige Veränderung vorzunehmen, damit wir uns wohler fühlen. Das kann immer wieder, auch völlig überraschend, auftreten und verbindet uns mit dem Lebensfluss und dem Prozess der Wandlung. Emotionen wie Wut, Angst, Trauer und Frustration sind dabei erst einmal normal. Je eher sie akzeptiert und angenommen werden, umso schneller können Fehlerquellen identifiziert werden. Dies führt zu einer Neuorientierung und gibt die Möglichkeit, Ziele zu erreichen (vgl. Mannhard 2016).

Ein Problem kann große kreative Energien freisetzen! Probleme in Form von Wegweisern kommen dann in unser Leben, wenn wir an unseren Bedürfnissen vorbei leben, unsere Handlungsmöglichkeiten und Entscheidungen an andere abgeben, uns falsche oder unpassende Ziele setzen und unser Leben mit falschen Inhalten füllen, die uns nicht erfüllen. Karl Rabeder ist unter anderem Segelflieger und beschreibt bei seinem „Flug ins Blaue“, dass er während des Fluges nicht unbedingt absehen kann, ob er am gewünschten Ziel ankommt. Manchmal bekommt er keinen Aufwind und muss auf einer Wiese landen. Er bleibt dabei ruhig und vertraut seiner sicheren Landung. Was vor ihm liegt, macht ihm keine Angst – vielleicht entdeckt er an diesem Platz sogar andere, reizvolle Möglichkeiten. Er hat es in der Hand, die Situation zu einem guten Ende zu bringen. (vgl. Rabeder 2012, 47)

Wichtig!

Resilienzfaktoren lassen sich nicht nur auf jede einzelne Person beziehen, sondern auch auf ein Team. Welche Möglichkeiten hat die Gemeinschaft, auf zeitweise Belastungen oder gar Krisen zu reagieren? Bei Hindernissen und Stolpersteinen muss ein Team innehalten und neue Ausrichtungen finden. Krisen sind eine Zuspitzung, aufgrund derer (neue) Entscheidungen getroffen werden. Das dauert seine Zeit und benötigt konkrete, kleinere Schritte, die zu einem Wandel führen.

Praxisübung: Im Sturm verwurzelt sein

Ist ein Kita-Team in eine Krise geraten, muss es zunächst einmal innehalten und kann nicht so weitermachen wie zuvor. Die Krise zeigt, dass der bisherige Weg nicht der richtige war.

Alle Teammitglieder können aufschreiben, was sie derzeit als das größte Problem oder die größte Herausforderung für das Team ansehen und welchen Belastungsfaktoren einzelne Mitglieder und/oder die Gruppe ausgesetzt sind. Das Kita-Team kann sich gemeinsam auf die Suche nach Energieräubern machen, die vor allem davon abhalten, gute Leistungen in der Tätigkeit zu erbringen oder die diese zumindest erschweren. Es lohnt sich eine Spurensuche, welche (daraus resultierenden) weiteren Probleme in der nächsten Zeit und Zukunft befürchtet werden. Es ist sinnvoll, dass jedes Teammitglied eine Liste der eigenen Stressoren anlegt und wie es mit ihnen umgeht (vgl. Übung Stressoren identifizieren, Seite 57). Es kann in der Folge ermittelt werden, wie es um die Akzeptanz der Situation bei den einzelnen Teammitgliedern steht, ob die Krise angenommen, verdrängt oder Widerstand dagegen aufgebaut wird.

Akzeptanz ist ein erster Schritt der Bewältigung. Mit der Akzeptanz gehen meist auch Gefühle der Trauer und des Verlustes einher. So muss eingestanden werden, dass gesetzte Ziele nicht auf dem bisherigen Weg erreicht werden können oder sogar ganz aufgegeben werden müssen. Vielleicht müssen auch Trennungen in Kauf genommen werden oder aber es werden Verbindungen gehalten und dennoch der Aufbruch in etwas Neues gewagt. Das Team als Ganzes wie auch jedes einzelne Mitglied muss sich fragen, welche Realitäten akzeptiert werden müssen, um weiterzukommen. Hinter diesen Realitäten stecken unbefriedigte Bedürfnisse. Um zu erkennen, wie das Team (oder der/die Einzelne) diesen auf anderen, neuen Wegen besser gerecht werden kann, muss eine Distanz zu den aktuellen Geschehnissen eingenommen werden. Die Chance des einzelnen Mitglieds besteht darin, seine eigenen Ressourcen und die eines Teams (wieder) zu entdecken und sich zu fragen, wie es bislang mit schwierigen Situationen zurechtgekommen ist und welche bisherigen Erfolge es verzeichnen kann. Das Kita-Team kann sich fragen, was es bisher an der Zusammenarbeit und am beruflichen Umfeld geschätzt hat. Vielleicht lassen sich Verbindungen zu einer wünschenswerten Zukunft ableiten.

Praxistipp: Krisenhelfer

Interessant im Hinblick auf die Zukunft, die sich das Kita-Team wünscht, ist eine Liste von „Krisenhelfern", die das Team gemeinsam aufstellt. Das können zum Beispiel Gegenstände, Rituale, Menschen oder motivierende Gedanken sein. Das Team sammelt gemeinsam solche Helfer und legt die Liste an einem schönen, dafür gestalteten Ort oder in einer schönen Kiste ab.

Zu bestimmten Zeiten, zum Beispiel, wenn das Team an der Lösung eines Problems arbeitet, nimmt es sich die Krisenhelfer als Unterstützer zur Seite.

Wichtig sind die persönlichen Bewertungen, die jedes einzelne Teammitglied den Problemen oder der Krise gibt. Es ist sinnvoll, bei negativen Beurteilungen Krisenhelfer einzusetzen, die zu neuen Bewertungen und mehr Handlungsfähigkeit führen.

In der chinesischen Philosophie setzt sich das Schriftzeichen für Krise aus zwei Symbolen zusammen: aus dem für Gefahr und dem für Chance. In einer

Krise sollten wir also nicht nur auf mögliche Gefahren lauern, sondern auch darauf, welche Möglichkeiten der Weiterentwicklung sie uns bietet und welche (neuen) Gelegenheiten wir ergreifen sollten (vgl. Siegrist 2017). Aus diesen Erkenntnissen können wir bewusste Entscheidungen treffen, jedes Mitglied für sich persönlich und das Team als Ganzes. Im Sinne der Lösungsorientierung können (neue) Ziele abgeleitet und konkrete Schritte für die Umsetzung geplant, durchgeführt und schließlich ausgewertet werden, ob sie den erwünschten Erfolg erbracht haben. Die übergeordnete Ebene ist das Warum und der Sinn der Zusammenarbeit. Jedes Kita-Team und jedes einzelne Mitglied sollte nach überstandener Krise einen Zugang zum Warum ebenso wie zum Sinn gefunden haben.

An Herausforderungen und Krisen wachsen

Jedes Kita-Team hat hoffentlich schon einmal die Erfahrung gemacht, an einer Krise gewachsen zu sein. Freiwillig hätte es sich diese sicher nicht ausgesucht, aber es gab leider auch keinen Weg, sie zu vermeiden.

Dazu eine kleine Geschichte: „Ein Mensch konnte nichts Schönes sehen. In einer Oase fand er einen jungen Palmbaum im besten Wuchs und legte ihm einen schweren Stein auf die Krone. Die Palme schaffte es nicht, ihn abzuschütteln. Der Mann amüsierte sich darüber und ging weiter. Mit großer Kraft krallte sich die Palme mit ihren Wurzeln in die Tiefe und zog Kraft aus den Wasseradern. Damit wuchs sie zu einer wahrhaft königlichen Palme heran, die auch den Stein hochstemmen konnte. Nach Jahren kam der Mann wieder, um nach ihr zu sehen. Die Palme dankte ihm und sagte, dass seine Last sie stark gemacht hat.“ (Firus & Firus 2015, 81)

Emmy Werner gilt als die Resilienzforscherin. In ihrer „Kauai-Studie“ untersuchte sie über vier Jahrzehnte etwa 700 Kinder aus unterschiedlichen Verhältnissen auf der Hawaiiinsel Kauai. Sie beobachtete vor allem jene Kinder, die in Armut und unter Vernachlässigung oder Misshandlung aufwuchsen, etwa 30% der Gesamtanzahl. Ein Drittel dieser Kinder entwickelte sich dennoch erstaunlich positiv. Diese verfügten über Schutzfaktoren, die die negativen Erfahrungen abpufferten. Sie fanden meist Halt bei einer wichtigen Bezugsperson, die auch aus dem ferneren Umfeld stammen konnte, wie ein Lehrer oder Pfarrer. Diese „geschützten“ Kinder übernahmen früh Verantwortung, zum Beispiel für ein Geschwisterkind (vgl. Werner 1992). Laut Viktor Frankl mobilisieren sie damit ihre Widerstandskraft durch Fürsorge, die sie auch für sich selbst nutzen können. Auch individuelle Eigenschaften, wie zum Beispiel ein ruhiges Temperament, sorgen für Anerkennung bei anderen, beispielsweise bei Freunden. Bestimmte Talente wie ein Instrument spielen oder zeichnen entwickeln die Wahrnehmung von Selbstbestärkung und Selbstwirksamkeit ebenso wie Abgrenzung von anderen (vgl. Mannhard 2012). Emmy Werner kam zum Schluss, dass Widerstandskraft erlernbar ist. Dabei erweisen sich Optimismus und eine gewisse Akzeptanz von Unabänderlichem als hilfreiche Haltung (vgl. Werner 1992). **Es bedeutet nicht, dass wir uns die Dinge schöner reden, als sie sind, aber wir nehmen sie an und gehen aktiv mit ihnen um.** Das geht einher mit einer grundsätzlichen Lösungsorientierung und mit der Übernahme von Verantwortung, um zu dieser zu gelangen und seinen eigenen Anteil beizusteuern. Das ist das Gegenteil einer Opferrolle. Ein solcher Perspektivenwechsel führt zu Zuversicht und zu einer Orientierung zum Besseren in der Zukunft. Auch die soziale Verbundenheit zu Menschen oder Tieren ist ein wichtiger Resilienzfaktor.

Praxisübung: Dankbarkeitsbrief

Manchmal sind einzelne Kita-Teammitglieder sich näher als andere, und besonders interessant wird diese Übung, wenn diese sich aufgrund eines gemeinsam bewältigten Konfliktes angenähert haben.

In einer besonderen Wertschätzung einer oder mehrerer Personen in einem Team verfasst ein Mitglied eine Lobrede in Briefform und drückt seine Dankbarkeit zu dem aus, was es von dieser Person oder diesen Personen gelernt oder über sich selbst erfahren hat und wie diese bei der eigenen Weiterentwicklung unterstützt hat bzw. haben.

Das briefschreibende Mitglied vereinbart mit dem/den Adressaten oder den Adressaten einen Termin, um den Brief vorzulesen und zu übergeben. Zusätzlicher Tipp: Sagen Sie vorher nicht, worum es geht!

Mit Sicherheit bestärkt diese Übung die Zusammenarbeit und fördert eine gute Beziehungsebene in einem Kita-Team, vor allem nach einem bewältigten Konflikt – allerdings nur, wenn die Lobrede ehrlich gemeint ist und von Herzen kommt.

Praxisübung: Dankbarkeits-Tagebuch

Claudia Croos-Müller benennt Dankbarkeit als wichtigen Resilienzfaktor und „energetischen Motor". Durch deren Ausdruck kommt es zur Produktion antidepressiver Hormone und zum psychosomatischen Wohlbefinden. Dankbare Menschen tun nicht nur sich selbst Gutes, sondern ebenso dem Wohltäter. Auch bei ihm werden die entsprechenden Hormone freigesetzt. Gegenseitige Achtung und Anerkennung verstärken sich. Das ist ein besonderer Aspekt für Teams: sich gegenseitig wertschätzen und in der Zusammenarbeit dankbar sein (vgl. Croos-Müller 2015, 136–144).

Ein Kita-Team legt im Personalraum ein Dankbarkeitsbuch aus, in das jedes Mitglied für alle lesbar Eintragungen machen kann. Dabei werden ebenso wie beim Teamkalender (vgl. S. 25) Kategorien vorgegeben, diese in Spalten eingetragen und mit Symbolen versehen.

Eine Kategorie ist: Achtsamkeit.

Die Mitglieder tragen ein, was ihnen im Hinblick auf schöne Momente wichtig ist, was ihnen gutgetan hat und wofür sie dankbar sind. Dies ist im Zeitraum einer Woche oder sogar kürzer bei der Tagesübersicht sinnvoll, denn wird der Zeitraum länger gewählt, werden achtsame Momente leider schnell wieder vergessen. Am Freitag setzt sich das Kita-Team entweder zu einer gemeinsamen Zeit zusammen, um die Eintragungen vorzulesen, oder jedes Mitglied macht es sich zum Ritual, die Notizen in einer freien Minute zu lesen.

Tipp: So kann das Dankbartagebuch noch genutzt werden

Eine weitere Kategorie könnten Glücksmomente sein. Das Kita-Team perforiert bestimmte Seiten im Team-Tagebuch mit Abrisszetteln und verteilt „Glücksmomente". Hier werden eigene Erlebnisse notiert, die Glücksgefühle ausgelöst haben. Wer an ihnen teilhaben möchte, darf sich „eine Portion Glück" abreißen und mitnehmen.

3.3 Anti-Stress-Kur

Die Anforderungen an Teams und Leitungen von Kindertageseinrichtungen sind heutzutage stark verdichtet. Es genügt nicht mehr, eine gute pädagogische Arbeit mit Kindern anzubieten, diese will gleichermaßen konzeptionell untermauert und aufwändig dokumentiert sein. An vielen Orten übernimmt die Leitung nicht mehr nur die Steuerung des pädagogischen Auftrages, sondern daneben Verwaltungs-, personalwirtschaftliche und organisatorische Aufgaben, die bei der Führung größerer Teams mit denen eines kleinen bis mittleren Unternehmen vergleichbar sind. Selten hat die Leitung jedoch die sich dort befindlichen Ressourcen in Form eines Sekretariats, das ihr die zeitfressende Bürotätigkeit vom Leib halten würde. Die Überfrachtung der pädagogischen Fachkräfte und Leitungen mit weit über den pädagogischen Auftrag hinausgehenden Aufgaben bringen diese nicht selten in ein Spannungsfeld, in dem sie nicht mehr zufrieden sind. Je nach System, in dem sich das Team und die Leitung befinden, sind die Rahmenbedingungen und der Führungsstil von Vorgesetzten mehr oder weniger fördernd. Manchmal fehlt auch ein wirklich entspannter Ausgleich im Privaten, weil der Druck und die Anspannung auch abends und an den Wochenenden mitschwingt. Der eigene Anspruch der Erzieherinnen und Erzieher und der Leitungen spielt dabei eine wesentliche Rolle, denn manchmal kommen die ganzen Erwartungen und Anforderungen nicht nur von außen, sondern die Fachkräfte stellen diese auch an sich selbst.

Das Konzept der Antreiber

Die Transaktionsanalyse kennt drei verschiedene Ich-Zustände bei Erwachsenen, die sich aus der Interaktion mit den Eltern in der Kindheit entwickelt haben.

Eine Kita-Leitung, die mit einem Kind auf der Wiese herumtollt, befindet sich im emotional freien und spielerischen Kind-Ich. Stellt sie hingegen die Statistik der Belegungszahlen auf, wird das Erwachsenen-Ich und das Denken den Vorrang haben. Wenn ihre Mitarbeiterin in der Kita einen Unfall hat, begibt sich die Leitung ihr gegenüber in das tröstende Eltern-Ich und kümmert sich fürsorglich um die Versorgung und die bürokratischen Abläufe.

Zwei Ich-Zustände haben verschiedene Ausrichtungen: Beim Kind-Ich gibt es den freien und rebellischen Anteil, beim Eltern-Ich den fürsorglichen und kritischen Aspekt.

Kommunikation verläuft mittels Transaktionen, die entweder passend sind, zum Beispiel wenn am Arbeitsplatz miteinander im Erwachsenen-Ich gesprochen wird, oder zu Störungen führen, wenn Transaktionen als unpassend erlebt werden. So kann es zu einer Störung führen, wenn eine Kita-Leitung mit ihren Mitarbeitern vorrangig aus dem kritischen Eltern-Ich heraus kommuniziert. Die Mitarbeiter könnten sich entmündigt und eingeengt fühlen und aus dem rebellischen Kind-Ich heraus in eine Trotzhaltung gehen oder aus dem Erwachsenen-Ich unangemessene Aufträge ablehnen.

Kahler (1977) hat das Konzept der Antreiber beschrieben. Unter Stress rutschen Erwachsene von einer Ebene in eine andere, zum Beispiel ins Kind-Ich, und versuchen, sich gemäß früherer Botschaften, meist der der Eltern, aber auch anderer wichtiger Bezugspersonen, wieder ins Gleichgewicht zu bringen. Die Botschaften lauten: „Sei perfekt!“, „Sei schnell!“, „Sei gefällig!“, „Streng dich an!“ oder „Sei stark!“. Sie sind einseitig ausgerichtet, denn sie gehen zu Lasten der Wahrnehmung von Gefühlen und einem reflektierten Denken. Das kann so weit gehen, dass wir uns zum Beispiel beim Antreiber „Streng dich an!“ nur in Ordnung fühlen, wenn wir uns immer die größtmögliche Mühe geben, und ein schweres, angestrengtes Leben für uns zur Gewohnheit geworden ist. **Wir strengen uns auch bei Dingen an, die uns im Grunde gar nicht liegen, und für die wir kein natürliches Talent besitzen.**

Allerdings können wir in der Realität unseren Antreibern nie voll entsprechen, da wir nicht immer nur perfekt, schnell, gefällig, hochleistungsfähig und stark sind. Je mehr wir von ihnen getrieben sind, ohne sie zu hinterfragen und in ein gesundes Maß zu unserem tatsächlichen Denken und Fühlen zu setzen, umso weniger können wir reflektiert denken, strategisch planen und in Übereinstimmung mit unseren Gefühlen handeln. Antreiber erhalten ein gesundes Maß und sind im Arbeitsleben eine stärkende Kraft, wenn wir die Vorteile in ihnen erkennen. Reflektiert eingesetzt, sind Schnelligkeit, Sorgfalt, Liebenswürdigkeit, Engagement und Durchsetzungskraft positive und erfolgsversprechende Eigenschaften.

Die Verwandlung der Antreiber

Praxisbeispiel Frau Perfekt

Frau Perfekt bereitet für ihre Gruppe die Adventsfeier bis ins kleinste Detail vor. Von aufwändigen Einladungen für die Eltern über zahlreiche Gedichte und Lieder, die sie die Kinder hat einstudieren lassen, bis hin zu einem umfangreichen Buffet hat sie nichts in ihrer Planung dem Zufall überlassen – außer sich rechtzeitig für die Turnhalle als Veranstaltungsort einzutragen. Ihre Kollegin Frau Mayer ist verärgert, da sie für den Nachmittag ein Turnangebot mit ihrer Gruppe geplant hat und es nun absagen muss. Ein anderer Raum steht für beide nicht zur Verfügung. Weil Frau Perfekt bereits alle Einladungen herausgegeben hat, zieht Frau Mayer ihre Raumreservierung zurück. Die Stimmung im Team ist dahin. Die Leitung reflektiert mit Frau Perfekt die Situation und sie stellen gemeinsam fest, dass Frau Perfekts Drang, alles richtig zu machen und einen großen Aufwand zu betreiben, einen so hohen Druck in ihr aufgebaut hat, dass sie etwas so Wichtiges wie die Raumreservierung vergessen hat.

Die Stärken von Frau Perfekt liegen in tatsächlich vollkommenen Arbeiten, die ihr Bewunderung und Anerkennung einbringen. Die Genauigkeit und ausgefeilte Details lassen andere staunen. **Die Entwicklung zu einem gesunden Maß könnte darin liegen, sich Inhalts- und Zeitlimits zu setzen und auch mit weniger zufrieden zu sein.** Da eine Erzieherin meist mehrere Aufgaben gleichzeitig erledigen muss und sich kaum auf nur eine konzentrieren kann, ist es ratsam, dass die jeweiligen Anforderungen realistisch eingeschätzt und Prioritäten gesetzt werden. Auch sollte Frau Perfekt mehr Vertrauen in ihre Arbeit und in die anderer haben, nach dem Prinzip „Gut ist gut genug!".

Praxistipp für Frau Perfekt: Pareto-Prinzip/80:20-Regel

Wichtige Aufgaben machen nur 20% aller Aufgaben aus, erbringen jedoch eine Effektivität von 80%. Zentral ist, diese wichtigen Aufgaben zu identifizieren, damit sie erfolgreich umgesetzt werden können und um sich nicht mit Unwesentlichem zu „verzetteln" (vgl. Mannhard 2018a, 38).

Frau Perfekt benötigt „Mut zur Lücke":

Sie kann sich fragen, wann ihr Ergebnis ausreichend gut ist. Vermutlich wäre für Kinder und Eltern die Feier auch dann schön geworden, wenn die Einladungen einfacher gehalten, weniger Gedichte und Lieder einstudiert und ein schlichtes Buffet geplant worden wäre. Frau Perfekt kann sich fragen, ob das Mehr an Zeitaufwand, das sie für die aufwändige Variante benötigt, die Investition rechtfertigt. Im Austausch mit ihren Kollegen und Kolleginnen und mit der Leitung kann Frau Perfekt abstimmen, wo sie zu viel des Guten will und sich und andere überfordert oder zu sehr beansprucht.

Mit Hilfe des Pareto-Prinzips kann Frau Perfekt künftig Prioritäten setzen und bei der Erfüllung ihrer Aufgaben keine derart hohen Ideale ansetzen. Im Hinblick auf das Beispiel wird in Kita-Teams immer wieder festgestellt, dass auch Feiern mit weniger Perfektion Kindern und ihren Familien in der Regel viel Freude bringen. Es geht dabei um den Kern, um das gemeinsame Erleben, um miteinander Zeit zu verbringen. Die Pflege der Beziehungen ist bei diesen Anlässen viel wichtiger als ein perfektes Programm.

Praxisbeispiel Herr Schnell

Herr Schnell neigt zu Ungeduld und zu schnellem Sprechen. Er ist immer unter Druck und gibt ordentlich Gas bei der Erledigung seiner Aufgaben. Die langsameren Kolleginnen nerven ihn. In Besprechungen klopft er immer wieder ungeduldig mit dem Finger auf den Tisch und unterbricht Redebeiträge, mit der Begründung, dass man nicht zum Wesentlichen komme. In der Tat, die Leitung kann nicht murren, seine Aufgaben erledigt er fix und effektiv. Die anderen Teammitglieder fühlen sich von seinem Tempo unter Druck gesetzt und beklagen, dass kaum Zeit für Gespräche und die Entwicklung von Prozessen bleiben würde, weil Herr Schnell nur die Leistungsebene und wenig die Beziehungsebene im Blick hat.

Herr Schnell kommt sicher schneller ans Ziel als andere. Vor allem verliert er seine Ziele nicht aus den Augen und er ist verlässlich: Das, was er anpackt, führt er auch zu Ende. Er arbeitet strukturiert. **Die Weiterentwicklung für Herrn Schnell besteht darin, dass er Anspannung und Druck loslässt, sich gelassen**

zurücklehnt und die anderen einmal kommen und machen lässt. Wer so effizient arbeitet, dem wird gerne noch mehr aufgehalst. Manchmal mündet dies darin, dass Herr Schnell sich zu wenig Ruhe und Entspannung gönnt und die Signale seines Körpers und seiner Seele missachtet.

Praxisübung für Herrn Schnell: Mach mal Pause!

Während des Arbeitstages kann Herr Schnell bewusst Pause machen, eine kurze am Vor- und Nachmittag oder eine längere über Mittag gemäß der Pausenregelung an seinem Arbeitsplatz.

Er geht an einen Ort drinnen oder, noch besser, draußen, an dem er ungestört ist. Sein Handy bleibt aus. Er spürt seinen Atem bewusst und bewegt sich, möglichst an der frischen Luft draußen oder am offenen Fenster. Herr Schnell sorgt in Pausen für sein leibliches Wohl mit Essen und Trinken. Dabei isst er jeden Bissen langsam und trinkt achtsam. Wenn er merkt, dass ihn Gedanken in der Pause stören oder ihn sogar antreiben, wieder in den Leistungsmodus zu gehen, sagt er sich, dass er sich darum nach seiner Pause kümmern wird, aber nicht jetzt. Das Kita-Team und die Leitung unterstützen Herrn Schnell beim Pause machen und erinnern ihn, wenn er sie vergisst. Meist gibt es in Kita-Teams mehrere „Herr Schnell“, sodass diese sich gegenseitig erinnern können.

Praxisbeispiel Frau Gefällig

Frau Gefällig ist die gute Seele des Teams. Sie erfühlt und erahnt die Wünsche ihrer Kolleginnen, bevor diese sie überhaupt ausgesprochen haben. Sie stellt ihre eigenen Bedürfnisse stets zurück und sieht erst einmal danach, was die anderen möchten. Ihrer Leitung nimmt sie alle möglichen Aufgaben ab, und sie macht zahlreiche Überstunden. Konflikte im Team sind ihr ein Graus. Dann geht es ihr immer sehr schlecht, obwohl sie gar nicht daran beteiligt ist. Wenn sie krankheitsbedingt ausfällt, erstreckt sich dies meist über einen längeren Zeitraum. Einen eigenen Standpunkt kann man bei Frau Gefällig nicht erkennen, und auch ihre Meinung äußert sie nicht direkt.

Die Stärke von Frau Gefällig ist ihre ausgleichende Wirkung in Teams, sie sorgt für ein harmonisches Miteinander. Alle fühlen sich mit ihr wohl und von ihr verstanden. Sie weist eine große Fürsorge für andere auf. Der Druck und auch eine Überlastung dürfte darin bestehen, dass sie sich mitverantwortlich für Disharmonie im Team fühlt, obwohl sie an dieser nicht beteiligt ist und sich auch gerne in die Rolle einer Retterin begibt. **Mit ihrem Erfühlen und Erahnen nimmt sie ihre Kolleginnen aus ihrer Selbstverantwortung, die eigenen Standpunkte zu äußern.** Frau Gefällig nimmt keinen eigenen Standpunkt ein, wie es von einer erwachsenen Frau zu erwarten ist. Die Entwicklung von Frau Gefällig besteht vor allem darin, sich von den (unausgesprochenen) Wünschen und Erwartungen anderer abzugrenzen und Nein sagen zu lernen. Sie sollte vielmehr ihre eigenen Interessen und Bedürfnisse spüren, in die Teamarbeit einbringen und sich, wenn nötig, auch einmal durchsetzen. Frau Gefällig muss lernen, Auseinandersetzungen, die es immer mal in einem Team gibt, auszuhalten, und auch mit Ablehnung umzugehen, falls ihre Meinung oder ihre Bedürfnisse einmal nicht auf Gegenliebe stoßen. Sie kann sehen, dass sie dennoch ein liebenswerter und wertvoller Mensch ist.

Praxisübung für Frau Gefällig: Nein sagen

Nein sagen dürfte wie eine Fremdsprache für Frau Gefällig sein, weshalb es eine gute Übung ist, dass sie sich ein paar Sätze – wie beim Vokabeln lernen – überlegt, mit denen sie etwas ablehnen kann, was sie nicht möchte.

Solche Sätze könnten lauten:

„Tut mir leid, aber das übernehme ich nicht, nein."
„Ich habe leider kein Zeitfenster in meinem Wochenplan, in dem ich diese Aufgabe übernehmen kann."
„Dafür stehe ich (leider) nicht zur Verfügung."
„Vielen Dank, dass ihr mich fragt, aber das möchte ich nicht (übernehmen)."
„Sicher kann ich das schneller und besser als du, aber wenn du es nicht selbst tust, lernst du es ja nicht."
„Nein!"

Das Kita-Team und die Leitung können Frau Gefällig unterstützen, Nein zu sagen, indem sie stärker als bei anderen Mitgliedern, die sich gut einbringen und durchsetzen können, auch leise Signale in Richtung Abgrenzung von Frau Gefällig achtsam wahrnehmen und darauf eingehen.

Praxisbeispiel Herr Anstrengung

Herr Anstrengung kümmert sich aufopfernd um die Familien der Kinder seiner Gruppe und er hat stets für all ihre Anliegen ein offenes Ohr. Das mündet darin, dass ihn die Eltern auch nach der Arbeitszeit anrufen, um mit ihm Probleme in der Familie und Erziehungsfragen zu besprechen. Herr Anstrengung macht seine Dokumentationen grundsätzlich abends nach Schließung der Einrichtung, da er im Rahmen seiner Verfügungszeit lieber Angebote mit den Kindern plant. Er weist eine hohe Anzahl an Überstunden auf. Bei der Übernahme von Aufgaben, die im Team verteilt werden, hat er stets die Nase vorne. Will die Leitung ihn bremsen, argumentiert er, dass er wichtige Inhalte voranbringen will. Er übernimmt mehrere Projekte gleichzeitig und ist Mitglied einiger Arbeitsgruppen, die häufiger abends tagen. Selbst am Wochenende beschäftigt sich Herr Anstrengung oft mit seiner Arbeit.

Herr Anstrengung ist beständig wie zuverlässig und verfügt über eine große Ausdauer. Er zeigt hohes Leistungspotenzial und macht das, was er tut, sehr gründlich. Herr Anstrengung ist diszipliniert und bleibt an einer Sache dran, auch wenn er mal keine Lust hat. Er würde niemals aufgeben, was er einmal angefangen hat. **Solch hohes Maß an Leistungsbereitschaft führt irgendwann zu Überlastung, vor allem, weil der Ausgleich und die Entspannung am Abend und an den Wochenenden fehlt.** Die Weiterentwicklung könnte für Herrn Anstrengung darin bestehen, auch mal Pause zu machen und sich selbst Grenzen zu setzen, sowohl in der Menge an Aufgaben als auch in ihrem Inhalt beziehungsweise Umfang. Die größte Herausforderung für ihn ist, die eigene Leistung auch dann als wertvoll anzusehen, wenn sie leicht erzielt worden ist. Meist können Erzieherinnen und Erzieher mit dem Antreiber „Streng dich an!“ ihre Arbeit nur wertschätzen, wenn sie unter (großen) Mühen geleistet wurde. Wichtig ist, auch kleine Erfolge und Arbeitsschritte zu honorieren. Herr Anstrengung könnte lernen, Spaß bei der Arbeit zuzulassen und eine lockere Arbeitsatmosphäre zu genießen.

Praxisübung für Herrn Anstrengung: Sich die Erlaubnis geben

Herr Anstrengung kann seine Glaubenssätze anhand folgender Fragen überprüfen:

- Weshalb denkt er, dass seine Arbeit nur etwas wert ist, wenn sie unter (großer) Mühe entstanden ist?
- Weshalb denkt er, dass er selbst nur etwas wert ist, wenn er viel leistet?
- Wie lauten die konkreten Glaubenssätze?

Er kann sie aufschreiben und überprüfen, ob sie der Wahrheit entsprechen und ob sie ihm guttun. Wenn nicht, kann er andere, neue Glaubenssätze formulieren. Um seine Glaubenssätze zu finden, fragt sich Herr Anstrengung, wo seine wirklichen Talente liegen, und was er gerne, leicht und gut auch ohne Anstrengung macht. Er kann ein paar Wochen lang Ausschau nach seinen wahren inneren Schätzen halten und sich überlegen, wie er diese (wieder) in sein Arbeitsleben integrieren kann. Er kann sich fragen, wann er zuletzt richtig frei und glücklich war? Dann kann er seine Arbeit so gestalten, dass er mehr Raum und Zeit für das einräumt, was ihm wirklich Spaß macht und ihn begeistert. Wenn nötig, kann er mit Team und Leitung eine Umverteilung der Arbeiten, die er bislang übernommen hat, verhandeln. Gerade hierbei können Kollegen und Kolleginnen und die Leitung Herrn Anstrengung gut unterstützen, indem sie auf seine Verhandlungen eingehen, sodass er sich entlasten kann.

Praxisbeispiel Frau Stark

Frau Stark wirkt kontrolliert und distanziert. Auch wenn ihr etwas zu viel wird, bittet sie ihre Kolleginnen nicht um Unterstützung. Sie wehrt ab, wenn ihr Hilfe angeboten wird, und sagt, dass es durchaus ginge und sie es (alleine) schaffen würde. Die anderen Teammitglieder bedauern, dass sie Frau Stark nicht wirklich kennenlernen. Sie zeigt wenig Persönliches von sich und nie eine Schwäche. Ihre Kolleginnen und Kollegen stören sich daran, dass Frau Stark sich in Auseinandersetzungen immer wieder durchsetzt und nie von ihrem eigenen Standpunkt abweicht.

In der Tat ist Frau Stark durchsetzungsfähig und sie hat einen eisernen Willen. Auch sie gibt, ebenso wie Herr Anstrengend, niemals auf. Sie kommt sehr gut alleine zurecht und arbeitet selbständig und unabhängig. Vor allem ist sie auch unter Stress belastbar und setzt ihre hohen Ziele stets um. Sie weist den nötigen Kampfgeist auf, um auch in schwierigen Situationen die Dinge voranzubringen, die sie sich vorgenommen hat. **Der Preis der starken Unabhängigkeit könnte auf Kosten der Teamfähigkeit gehen.** Frau Stark drückt ihre Gefühle nicht aus und kann sie nicht leben, weil sie Angst hat, dass ihr das als Schwäche ausgelegt oder ausgenutzt wird. Erzieherinnen und Erzieher mit dem Antreiber „Sei stark!“ überlasten sich oft selbst und tragen sehr viel Verantwortung, die eines Tages zu einer großen Bürde werden kann. Zur positiven Weiterentwicklung von Frau Stark trägt bei, dass sie ihre Gefühle spürt und zulässt, und dass sie ihren Körper und ihr Wohlbefinden oder Missempfindungen gut und achtsam wahrnimmt. Sie sollte eigene Grenzen akzeptieren und ihre Gefühle mehr mit anderen teilen sowie Unterstützung und Hilfe von anderen annehmen.

Praxisübung für Frau Stark: Verabredung mit dem Herzen

Frau Stark verabredet sich hin und wieder bewusst mit ihrem Herzen, anstatt sich in einem Hamsterrad von alltäglichen Leistungsanforderungen zu bewegen. Sie tritt mit ihrem Herzen in einen Dialog, wie sie es bei einer Tasse Tee mit einer guten Freundin tun würde. Die Interaktion sollte an einem schönen Platz der Entspannung, vielleicht in der Natur, stattfinden.

Zur Unterstützung legt Frau Stark eine Hand auf ihr Herz und atmet achtsam in den Raum. Was auch immer an Gefühlen auftritt, es ist wichtig, sie anzunehmen und nicht zu bewerten. So kann Frau Stark dem Weg ihres Herzens folgen. Bevor es uns einen Rat erteilt, will es erst einmal angenommen und wertgeschätzt werden, und manchmal benötigt es Heilung.

Frau Stark schreibt die Gedanken und Gefühle aus ihren Begegnungen mit ihrem Herzen auf, um daraus Ziele für ihr berufliches Handeln abzuleiten. Das Kita-Team und die Leitung können Frau Stark mit offenen Gesprächsangeboten, auch kurz zwischendurch, unterstützen, in denen es um den Austausch der verschiedenen Befindlichkeiten und nicht um Leistung und Aufgabenerfüllung geht.

Jede Erzieherin und jeder Erzieher, gerade auch Menschen mit dem Antreiber „Sei stark!“, haben im Laufe ihres Lebens Erfahrungen gemacht, aufgrund derer sie ihr Herz verschlossen haben. Wenn wir uns weigern, den damit verbundenen Schmerz zu fühlen, leben und arbeiten wir nicht in Übereinstimmung mit unserem Herzen. Wir können seinen Ruf nicht hören und seinem Weg nicht folgen. Dabei weiß unser Herz am besten, was gut für uns ist. Das Herz kommuniziert in Form von Empfindungen mit uns, beispielsweise mit Enge oder Weite, mit Anspannung und Entspannung. Mit etwas Übung kann ein Gefühl dafür erreicht werden, ob es sich öffnet oder verschließt. Oft steht die Öffnung oder das Verschließen des Herzens in Verbindung mit einer vollen oder flachen Atmung.

Das Herz ist weiser als der Verstand, es fühlt einfach.

3.4 Gesundheitsmanagement

Gedanken- und Gefühlsmanagement ist Gesundheitsmanagement. Die einfachsten Dinge verursachen unter dem Eindruck, dass sie einfach nicht in den Tag passen, Stress. Für viele Erzieherinnen und Erzieher und vor allem für Leitungen sind die Arbeitstage zu voll. Damit befinden sie sich bereits in einer Abwärtsspirale des Dauerdrucks und Stresses. Wer dazu noch hauptsächlich im Feuerwehrmodus unterwegs ist, was bei Leitungen und Personalmangel auch an der Basis immer wieder der Fall ist, kommt nicht mehr dazu, wichtige von unwichtigen Aufgaben zu unterscheiden.

Zu oft wird nur noch das Dringendste erledigt. Wir agieren nicht mehr, sondern reagieren nur noch. Das zehrt Energie und wir fühlen uns immer mehr getrieben und durch den Arbeitstag gehetzt.

Fragen zur Selbstreflexion: Innehalten und Warnsignale erkennen

Denken Sie öfter einmal:

	Ja	Nein
Ich komme zu nichts mehr.	☐	☐
Es ist mir alles zu viel.	☐	☐
Mein Privatleben ist keines mehr.	☐	☐
Ich kann keine Ziele und Qualität in der Arbeit mehr erreichen.	☐	☐
Ich habe keine Zeit mehr für mich.	☐	☐
Meine wichtigen Aufgaben bleiben liegen.	☐	☐
Ich fühle mich nur noch als Retter.	☐	☐
Ich fühle mich immer wie auf dem Sprung.	☐	☐
Ich werde immer unkonzentrierter und nervöser.	☐	☐
Ich habe keine Zeit mehr, in Beziehungen zu investieren.	☐	☐
Ich gönne mir immer weniger Erholung und Entspannung.	☐	☐

Die Antwort „Ja“ auf eine oder mehrere dieser Fragen ist ein deutliches Warnsignal. Warnsignale sind auch, wenn Sie sich nur noch als „Feuerlöscher“ und auf dem Sprung fühlen und wenn Sie immer unkonzentrierter und nervöser werden. Sie sehen, dass Sie keine Zeit mehr haben, in Beziehungen zu investieren. Sie gönnen sich immer weniger Erholung und Entspannung.

Praxistipp: Priorisierung

Damit die tägliche Flut an Aufgaben nicht den Geist vernebelt und Wichtiges von Unwichtigem unterschieden werden kann, gibt es verschiedene Techniken der Priorisierung (vgl. Mannhard 2018a, 37–38):

Entlastungsfragen

Im besten Fall bestimmen wir mit, wann wir was, wie und wann erledigen. Um zu differenzieren, helfen Entlastungsfragen.

Muss ich das machen?
Muss **ich** das machen?
Muss ich **das** machen?
Muss ich das **machen**?
Welchen Sinn hat es?

ABC-Analyse

Mithilfe der ABC-Analyse werden wichtige von weniger wichtigen Aufgaben unterschieden und eine Hierarchie ihre Bearbeitung betreffend hergestellt.

A-Aufgaben: sehr wichtig, hohe Priorität (gleich morgens erledigen, 10 % aller Aufgaben)

B-Aufgaben: wichtig, mittlere Priorität (nachmittags oder über den Tag verteilt erledigen, 20 % aller Aufgaben)

C-Aufgaben: weniger wichtig, geringe Priorität (nach B-Aufgaben erledigen, tragen zur Zielerreichung bei, 70 % aller Aufgaben)

Eisenhower-Matrix

Arbeitsaufgaben sollten nach dringlich und weniger dringlich sowie nach wichtig und weniger wichtig unterschieden werden.

Unterlässt man diese Differenzierung, läuft man Gefahr, nur die dringlichen Aufgaben abzuarbeiten und wichtige zu versäumen. Dringende, aber inhaltlich nicht wichtige Aufgaben lassen sich zum Beispiel delegieren, so dass man sich selbst um die wichtigen kümmern kann.

Ein großes Blatt Papier wird in vier Felder unterteilt. Diesen Feldern werden anstehende Aufgaben nach den Kriterien wichtig und dringlich zugeteilt.

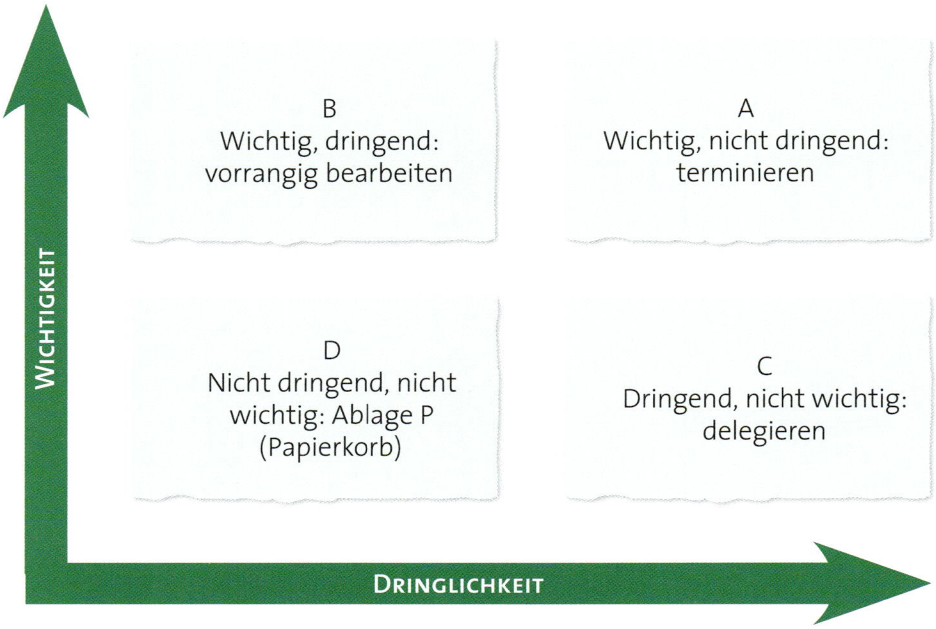

Abb.: Eisenhower-Matrix

Neun Schlüssel zur Entlastung

In der pädagogischen Teamarbeit ist die Leitung auf verschiedenen Ebenen gefordert. Oft muss sie an einem Arbeitstag flexibel zwischen den Rollen und Aufgaben wechseln. So ist sie zum Beispiel am Vormittag Verhandlerin mit dem Träger, begleitet über Mittag als Kommunikationspartnerin für die Kinder das Essen, wirkt am Nachmittag in einem Elterngespräch als Beraterin, und schlichtet gegen Abend zwischen zwei Mitarbeiterinnen als Vermittlerin einen Konflikt. Dazwischen erledigt sie als Organisatorin einige Büroarbeiten. Auch die einzelnen Teammitglieder erfüllen am Tag zahlreiche verschiedene Aufgaben und Rollen. Die Tätigkeit ist komplex und manchmal anstrengend bis belastend. Dann können die 9 Schlüssel zur Entlastung helfen.

Schlüssel 1: Klarheit schaffen

Ein Kita-Team kann sich Klarheit über das, was es wirklich will, verschaffen und den Nebel der Überlastung lichten. Wenn es sich über seine Prioritäten im Klaren ist, weiß es, zu welchen (neuen) Aufgaben es Ja oder Nein sagen kann und vor allem will.

In der Natur wird Nebel von kräftigem Wind vertrieben. Gleich diesem Wind verschafft sich das Kita-Team einen Überblick über den Ursprung seiner ganzen Aufgaben. Es sollte auch die damit verbundenen Rollen überprüfen, denn diese wirken manchmal gewichtiger als das Abarbeiten von Aufgaben. Mit ihren Rollen erfüllen Erzieherinnen und Erzieher die in sie gesetzten Erwartungen, und nicht immer wollen sie diese Rollen auch erfüllen.

Schlüssel 1 unterstützt die Team-Mitglieder dabei, aus der Distanz heraus einen Überblick über die Rollen, die sie eingenommen haben, zu gewinnen.

Frau Gefällig (siehe S. 69) weiß, dass sich jeder bei ihr ausweint und dass sie ihre eigenen Bedürfnisse stets hinter denen anderer zurückstellt. Aber will sie das immer und tut ihr diese Rolle persönlich wirklich gut?

Praxisübung: Rollenklärung vornehmen

Das Kita-Team kann all seine Aufgaben und die damit verbundenen Rollen der einzelnen Mitglieder auf eine Liste schreiben.

Frau Gefällig schreibt folgende Liste:

- Gruppenleitung für 20 Kinder
- Stellvertretende Kita-Leitung
- Projektleiterin verschiedener Kita-Projekte
- Leitung des Qualitätszirkels U3
- Gute Seele des Teams (Kummerkasten)
- Verzichtendes, sich stets zurücknehmendes Teammitglied
- Vermittlerin zwischen Team und Kita-Leitung
- Verhandlungsführerin
- Betreuerin ihrer pflegebedürftigen Mutter
- Haushaltsvorstand des gemeinsamen Haushaltes mit ihrem Partner

Anschließend analysiert das Kita-Team die Rollen:

Werden diese gerne und freiwillig ausgeübt?
Gibt es auch die Rolle der „Kümmerin um mich selbst"?
Nehmen die einzelnen Mitglieder ihre Eigenverantwortung wahr?

Jedes Mitglied eines Kita-Teams ist für sich selbst verantwortlich. Betrachtet werden können die Rollen auch unter dem Aspekt, ob sie der beruflichen und persönlichen Weiterentwicklung dienen. Manche Rollen können wir nicht oder schlecht ablehnen (wenn wir zum Beispiel, wie Frau Gefällig, die Pflege eines Angehörigen übernommen haben), und auch im Beruf gehören bestimmte Rollen für unsere Aufgabenerfüllung dazu. **Dann ist es umso wichtiger, dass wir zusätzliche ausgleichende Rollen haben, die uns persönlich stärken und uns Zufriedenheit geben.** Hingegen sollten wir manche Rollen klar ablehnen oder solche nicht weiterhin übernehmen, die andere aus ihrer Selbstverantwortung nehmen und uns zu viel aufbürden.

Wir erkennen solche Rollen daran, dass sie uns Druck machen und (nur noch) eine Last sind. Grundsätzlich sollten wir uns auch fragen, ob wir zu viele Rollen übernommen haben – sodass wir alleine durch die Menge unter Dauerstress stehen. Im letzten Schritt kann das Kita-Team jede einzelne Rolle daraufhin überprüfen, wie wichtig sie für alle und das jeweilige Mitglied, das sie eingenommen hat, ist, und was sie der Gemeinschaft und/oder der Person gibt – neben dem, was sie nimmt.

So kann man eine Rangfolge der Priorisierung herstellen. Ergebnis einer solchen Liste kann sein, dass in Zeiten der Überlastung weniger wichtige Rollen zeitweise oder ganz aufgegeben werden. Insbesondere sollte das Team Rollen kritisch hinterfragen, die einem Mitglied mehr oder weniger aufgedrängt wurden und für die es sich nicht frei entschieden hat.

Wichtig!

Je größer der Druck, umso mehr besteht die Gefahr, dass wir uns nicht mehr den Aufgaben und Rollen widmen, die uns wirklich wichtig sind. Dann gestalten und steuern wir nicht mehr, wir reagieren nur noch. Aus diesem Grund ist es wichtig, eine Distanz herzustellen und alle Rollen in einer Übersicht aufzulisten, um Prioritäten zu setzen.

Schlüssel 2: Entscheidungen treffen

Welchen Rollen wollen wir uns künftig mehr und welchen weniger oder gar nicht mehr widmen?

Wir können meist nicht alle an uns gestellten Anforderungen erfüllen, sondern wir müssen Entscheidungen treffen, wenn wir uns dauerhaft wirksam entlasten wollen. Es gibt ein Soll, das uns von außen gesetzt wird, und eines, das wir selbst an uns setzen sollten. **Dabei gibt es immer einen persönlichen Spielraum.** Dieser richtet sich nach dem Sinn, den wir unserer Arbeit und unserem Privatleben geben. Gemäß der Aussage Viktor Frankls, dass wir jedes Wie ertragen, wenn wir das Warum kennen, können wir uns genau nach diesem fragen. Diese Frage bringt in die Tiefe des Seins und des Miteinanders in einem Kita-Team und zum Weg der Herzen.

Mit dieser Frage kann das Team herausfinden, was es antreibt und wofür es wirklich brennt. Nur mit Klarheit zum Warum kann ein Kita-Team seine Wünsche und Bedürfnisse leben und zu Zufriedenheit gelangen. Klarheit zu gewinnen ist ein Prozess, bei dem der folgende Praxistipp helfen kann.

Praxistipp: Das Warum finden

- Die einzelnen Teammitglieder können sich fragen, ob sie mit ihrem Arbeitsleben zufrieden sind oder ob Bereiche (auch im Privatleben), die eigentlich wichtig sind, vernachlässigt werden. Was lieben sie und woran hängt ihr Herz?
- Was würden sie gerne abgeben und loslassen?
- Worauf könnten sie gut verzichten?
- Welche Wünsche und Träume haben sie, die noch nicht verwirklicht sind?
- Was würden sie tun, wenn ihnen keine Grenzen gesetzt wären?
- Welche Spuren möchten sie hinterlassen?

Wenn die Mitglieder ihre Erkenntnisse aufgeschrieben haben, können sie sich diese Fragen nochmals systematisch anhand der konkreten Zusammenarbeit im gesamten Team stellen und sich dazu austauschen. Dabei werden die berufliche Weiterentwicklung, die Teamarbeit und die Persönlichkeitsentwicklung jedes Mitglieds in den Mittelpunkt der Betrachtungen gestellt.

Die gefundenen Antworten und die gemeinsamen Reaktionen fließen in ein Warum zusammen und werden gemeinsam verbalisiert.

Wichtig!

Das Warum ist oft in einfachen Worten und manchmal sogar in nur einem Satz zu finden und auszudrücken. Mit der Klarheit des Warum kann ein Kita-Team langfristig eine zufriedenstellende Priorisierung der Aufgaben und Rollen vornehmen. Daraus können zeitliche und inhaltliche Ziele abgeleitet und Entscheidungen getroffen werden, welche nächsten Schritte unternommen werden.

Schlüssel 3: Druck abbauen

Ein Muss erhöht den Druck und macht die Aufgabenerfüllung anstrengend. Dabei wird uns das Muss nicht nur von außen auferlegt, sondern meist auch von uns selbst. Es stimmt, dass wir im Arbeitsleben manche Aufgaben einfach machen müssen. Unser Gehalt und unsere Existenz hängen davon ab. Wenn wir genauer hinschauen, sind äußere Zwänge aber meist nur der kleinere Anteil des Muss. Der größere Teil besteht darin, dass wir uns selbst sagen, was wir alles müssen. Es ist oft das innere Gefühl der Erzieherinnen und Erzieher, das ihnen auferlegt, wie notwendig sie etwas tun müssen. Je notwendiger ihnen etwas erscheint, umso mehr steigt der Druck. In Kapitel 3.3 wurden die Antreiber vorgestellt und wie wir sie verwandeln können, sodass sie uns unterstützen, anstatt uns unter Druck zu setzen. Durch die Verbindung dieser mit der Frage nach unserem Warum (Schlüssel 2) und der nach dem Muss können wir unsere persönlichen Werte besser kennenlernen und integrieren.

Praxistipp: Werte kennenlernen

Material: Papier/Stifte

Dieser Tipp kann von jedem Mitglied einzeln, aber auch gemeinsam vom gesamten Kita-Team umgesetzt werden.

Es wird ein entsprechend kleineres oder großes Blatt Papier benötigt. Das Team einigt sich auf einen Leitsatz, der ihm wirklich wichtig ist.

Ein solcher Satz könnte zum Beispiel lauten: „Wir möchte unser Arbeitsleben mitgestalten und dabei immer genug Freiraum haben."

Nun wird das Blatt Papier in vier Felder unterteilt. Links oben wird verzeichnet, welche Stärken der Leitsatz vermittelt. Darunter wird notiert, wann diese Stärken in eine Schwäche münden (zum Beispiel, wenn die Stärke übertrieben wird). Rechts oben werden positive Gegenpole zu den Stärken des Leitsatzes aufgeschrieben. Darunter wird verzeichnet, welche Folge die Übertreibung der positiven Gegenpole hätte (vgl. Dietrich 2018, 65).

Wichtig!

Wer sein Muss und den damit verbundenen Druck gut wahrnimmt, kann die Situation, die den Druck hervorruft, genau betrachten und analysieren, wer oder was daran beteiligt ist. Das Spannungsfeld zwischen müssen und nicht wollen ist sehr groß. Nicht immer steckt aber wirklich ein äußerer Druck dahinter, sondern vielmehr ein innerer, zum Beispiel in Form eines Antreibers, der noch nicht verwandelt ist. Wer diesen identifiziert und konstruktiv mit ihm umgeht, statt ihm nur zu folgen, kann sich vom (inneren) Druck befreien.

Schlüssel 4: Zeitmanagement steuern

Das Los vieler Erzieherinnen und Erzieher und vor allem der Leitungen ist chronischer Zeitmangel und unter dem Eindruck zu stehen, permanent mit vielen Bällen gleichzeitig jonglieren zu müssen und mit seinen Aufgaben nie wirklich fertig zu werden. Je länger dieser Zustand anhält, umso frustrierter werden diese. Auch in dieser Hinsicht ist es wichtig, seine Antreiber zu kennen und zu erforschen, ob sie zu diesem Gefühl beitragen, und zu prüfen, ob schlechte Gewohnheiten dazu führen, dass wir unsere Zeit nicht gut nutzen.

Schlechte Gewohnheiten sind unter anderem ständige Unterbrechungen, die unsere Aufmerksamkeit binden und erschweren, dass wir konzentriert an einer Sache bleiben können. Auch die Gewohnheit vieler, zu erledigende Aufgaben vor sich herzuschieben („Aufschieberitis"), frisst letztendlich viel Zeit.

Praxisübung: Zeitfressern begegnen

Tipp: Diese Übung eignet sich nicht nur für Teams, sondern für jeden einzelnen, der konstruktives Zeitmanagement lernen möchte.

Ein Kita-Team kann seinen Zeitfressern auf die Spur kommen, indem es gemeinsam einen Tages- oder Wochenplan betrachtet und sich systematisch fragt:

- Was wurde wirklich umgesetzt?
- Wodurch wurde es an der Umsetzung gehindert?
- Wer oder was hat abgelenkt oder unterbrochen?
- Wenn Termine wahrgenommen wurden, sind diese wie geplant erfolgt oder dauerten sie länger?
- Wenn es zu Störungen, Ablenkungen und Unterbrechungen kam, hat das Ergebnis den Mehraufwand gerechtfertigt?
- Gab es genügend Puffer in der Tages- und/oder Wochenplanung für Unvorhergesehenes?
- Wie groß ist dieser Anteil?
- Rechtfertigt das Ergebnis den Aufwand?

Das Kita-Team kann nun die einzelnen Aufgaben eines Tages oder einer Woche untersuchen: Wie stark kommen sie den Team-Zielen und Werten nah? Wie sehr hat das Team sich von ihnen entfernt? In der Folge ist es notwendig, unproduktive Zeitfresser zu reduzieren, um auf dem Weg der Zielerreichung zu bleiben.

Wichtig!

Schlechte Gewohnheiten und Zeitfresser können aus dem Ruder laufen, sodass ein Kita-Team immer mehr getrieben wird anstatt sein Arbeitsleben zu gestalten. Dem kommt ein Team nur mit guter Selbstbeobachtung auf die Spur. Hat es schlechte Gewohnheiten und Zeitfresser enttarnt, kann es konsequent seine Aufgaben priorisieren und Wichtiges von Unwichtigem trennen. Leitbild sind dabei die Team-Werte.

Schlüssel 5: Abgrenzung lernen

Auch wenn wir uns über unsere Prioritäten im Klaren sind, können uns unvorhergesehene Ereignisse in die Quere kommen, die uns von unserem Plan abbringen. Wenn wir zu dieser (zeitweisen) Verschiebung Ja sagen können, stellt dies kein Problem für uns dar. Schwierig wird es, wenn wir Ja sagen, obwohl wir Nein meinen. Das kann zu echten inneren Konflikten und zu einem Spannungsfeld führen. Wir haben uns gegen unsere Interessen zu etwas verpflichtet und das macht Druck! Ein gezwungenes Ja zu jemand oder etwas anderem kann ein Nein zu uns selbst bedeuten. Unsere Zeit ist begrenzt und unsere Energie nicht unendlich. Wenn wir alles übernehmen, was uns zugeworfen wird, sind wir bald nicht mehr Everybody‘s Darling, sondern Everybody‘s Depp. **Wir müssen lernen, uns abzugrenzen und Nein zu sagen, wenn wir Nein meinen.**

Praxistipp: Nein sagen

Die Angst, Nein zu sagen, kann bei einzelnen Mitgliedern bestehen oder beim ganzen Kita-Team.

Jeder, der das Problem kennt, sollte sich fragen, welche negativen Konsequenzen befürchtet werden. Welche dieser Befürchtungen werden von inneren (uneingestandenen) Ängsten gesteuert und welche sind realistisch?

Wenn ein Team wichtige Interessen verfolgen und leben will, sollte es ein Nein gegenüber allem, das es vom Weg abbringt, schätzen lernen.

Ein Kita-Team darf Nein sagen, wenn jemand (unnötig) Druck ausübt. Es gibt immer Spielräume. Es darf Nein sagen, wenn jemand sich nur für seine eigenen Interessen und nicht auch für die des Teams interessiert.

Es darf Nein sagen, wenn jemand seinen Teil der Verantwortung nicht erbringt oder Zusagen nicht eingehalten werden.

Es darf Nein sagen, wenn eine Forderung außerhalb vertretbarer Zeiten gestellt wird.

Es darf Nein sagen, wenn es ein Zeichen setzen will.

Natürlich muss das Nein den Rahmenbedingungen der Tätigkeit angemessen sein und in freundlichem Ton erfolgen. Wichtig ist auch die Unterscheidung, ob das Team sich von einer Sache abgrenzt oder von Menschen, mit denen es zusammenarbeitet oder die eine der Zielgruppen der Tätigkeit sind.

Wichtig!

Wenn ein Kita-Team angemessen zu seinem Nein steht, kann es nur gewinnen. Es übernimmt Selbstverantwortung ebenso wie die Aufgaben und Rollen, die in weitgehender Übereinstimmung mit den Teammitgliedern stehen. Es ist mehr im Einklang mit sich und zufriedener mit seinem Arbeits- und Privatleben. Das Team steht für die Gemeinschaft ein und lässt sich nicht zum Spielball aller möglichen Interessen machen. Dadurch gewinnt es an Selbstachtung und Selbstvertrauen und erarbeitet sich Respekt und Anerkennung.

Schlüssel 6: Erwartungen abstimmen

Wenn Erzieherinnen und Erzieher und Leitungen überprüfen, welche der an sie gestellten Aufgaben wirklich sinnvoll und erforderlich sind, kann das Ergebnis manchmal frustrierend sein. Die Ursache kann darin liegen, dass gegenseitige Erwartungen nicht geklärt sind. Die Störungen finden sich dann meist nicht nur auf der Leistungsebene, sondern auch im emotionalen Zusammenspiel eines Teams. Falsch verstandene Arbeitsaufträge haben manchmal weniger negative Auswirkungen als Missverständnisse auf der Beziehungsebene. Diesen kann vorgebeugt werden, indem gegenseitige Erwartungen aneinander geklärt werden. **Es wird dann deutlich, wer für was Verantwortung übernehmen soll.** Dies muss miteinander abgestimmt werden. Nur: Was zugesagt wurde, muss auch eingehalten werden. Gerade Frauen neigen dazu, Gedanken oder Gesichter zu lesen und zu interpretieren, statt klar und deutlich miteinander verbal zu kommunizieren, zum Beispiel darüber, was sie (erfüllen) möchten und was nicht. Sie scheuen die Konfrontation, weil die Klärung unterschiedlicher Interessen möglicherweise Differenzen mit sich bringt. Welchen Erwartungen ein Teammitglied zustimmt, sollte Verhandlungssache auf Augenhöhe bleiben.

Warnzeichen nicht abgestimmter Erwartungen sind:

- Zu großer Zeitaufwand für unbefriedigende Ergebnisse
- Unstimmigkeiten auch bei Nichtigkeiten
- Negative Äußerungen
- Nicht mehr miteinander, sondern mehr übereinander reden
- Mangelnde Motivation

Praxistipp: Erwartungen klären

Wenn ein Teammitglied wahrnimmt, dass mit einer Person die gegenseitigen Erwartungen nicht übereinstimmen und dass es Sand im Getriebe gibt, kann es sich zunächst seine Rolle gegenüber dieser Person bewusst machen und was ihm am Verhältnis zueinander wichtig ist. Genauso kann es sich die Rolle des/

der anderen vergegenwärtigen und was es von dieser Person erwartet, was aber auch nicht. Dazu gehört, dass es sich klarmacht, welche Erwartungen es selbst erfüllen möchte und welche nicht. Die Hierarchie ist zu beachten: Vorgesetzte können selbstverständlich Erwartungen an einen stellen, aber auch hier gibt es Grenzen. Wenn bereits Konflikte durch unterschiedliche Erwartungen und Interessen entstanden sind, kann dieses Potenzial genauer betrachtet werden, um zu sehen, ob es eine gemeinsame Basis gibt, auf der sich alle wiederfinden. Die daraus gefundenen Absprachen sollten schriftlich fixiert werden. Sie sind kein Gesetz, und es kann jederzeit gemeinsam in neuer Abstimmung überprüft werden, ob sie noch Gültigkeit für alle besitzen und vor allem (noch) sinnvoll sind.

Wichtig!

Sind gegenseitige Erwartungen nicht verbal klar miteinander abgestimmt und von beiden Seiten zugesagt, erzeugt das Druck und Frustration. Zuerst sollten die eigenen Erwartungen an sich und an andere geklärt werden, und dann das, was andere von einem erwarten. Es wird sich dann zeigen, ob es eine gemeinsame Basis gibt, die Grundlage für die weitere Zusammenarbeit ist. Möchte eine Partei einseitig und über den Kopf anderer hinweg nur ihre eigenen Interessen durchsetzen, ist die Sache zum Scheitern verurteilt. Druck erzeugt immer Gegendruck.

Schlüssel 7: Transparent kommunizieren

Trotz Überlastung und Personalmangel lassen sich Erzieherinnen und Erzieher und Leitungen oft noch mehr aufbürden und grenzen sich nicht ausreichend ab. Diese Zumutungen werden toleriert, weil jede/r Vorgesetzte dann davon ausgeht, dass die Belastungsgrenze noch nicht erreicht ist und noch mehr möglich ist, wenn Mitarbeiterinnen und Mitarbeiter alle Aufgaben klaglos übernehmen. Das ist nicht zwingend Verschulden des/der Vorgesetzten, sondern eine Folge dessen, dass nicht offen über Überlastung gesprochen und nicht Nein gesagt wird, wenn einem etwas zu viel wird. **Das Ergebnis der fehlenden klaren Kommunikation und Abgrenzung ist Frust auf allen Seiten.** Die/der Vorgesetzte ist mit der abgelieferten Qualität der Arbeit nicht zufrieden, die Mitarbeiterin oder der Mitarbeiter selbst ist verärgert, weil ihr/ihm immer noch mehr Aufgaben zugewiesen werden und das Privatleben leidet, weil sie/er keinen Ausgleich mehr pflegt oder mit der Familie und mit Freunden nur noch über den Frust der Arbeit spricht. Es gibt aber auch Vorgesetzte, die nicht hören wollen, was ihnen die Mitarbeiter mitteilen. **Sie übergehen stillschweigend die gesetzten Grenzen und fahren immer weiter auf ausgetretenen Wegen fort.** Dann ist es erforderlich, gegenüber der nächsten Hierarchiestufe in Transparenz zu gehen, das Verhalten des oder der Vorgesetzten mitzuteilen und darum zu bitten, dass von oben Veränderungen eingeleitet werden. Grenzüberschreitungen und anhaltende Überlastung sind der direkte Weg in ein Burnout oder aber zumindest dahingehend, dass keine Freude mehr bei der Arbeit und manchmal auch nicht mehr im privaten Leben empfunden werden kann. Psychosomatische Erkrankungen sind in der Folge wahrscheinlich, auch wenn sie nicht in einen Burnout münden.

Praxistipp: Abgrenzung pflegen

Das Kita-Team kann seine Aufgaben und Projekte analysieren und feststellen, wann ihm die Zeit davonläuft und wie es damit umgehen will.

Das Team sollte vor einer Handlung prüfen, ob es sinnvoll ist, die Leistungsbereitschaft zu erhöhen (was vermutlich mit Überstunden einhergeht).

Wichtig ist, alles, was möglich ist, zu delegieren, um sich selbst zu entlasten. Folglich sollte um nötige Hilfe gebeten werden – auch das fällt manchen schwer. Jedes Mitglied kann sich seine Prioritäten bewusst machen und hinterfragen, ob durch sie zu viele andere Aufgaben gefährdet sind und wie mit dieser Gefahr umgegangen werden kann. Wenn erforderlich, sollte das Mitglied auf seinen Prioritäten bestehen! Wenn alle nur noch nach dem Motto „Augen zu und durch!" agieren, ist das ein Warnsignal und führt in der Regel zu keiner guten Entwicklung. Wenn die Rahmenbedingungen der Tätigkeit, zum Beispiel in Mitarbeiterbesprechungen, analysiert werden, sollte jedes Mitglied ehrlich seine Meinung sagen (dürfen), und wenn ihm etwas zu viel geworden ist. Nur so kann sich etwas verändern.

Wichtig!

Wenn ein Kita-Team seine „rote Linie" kennt, kann es sich wirksam abgrenzen gegen alles, was diese übertritt. Dabei werden die Prioritäten transparent gemacht und gegenüber anderen vertreten. Wenn jedes Teammitglied seine eigenen Grenzen kennt und die der anderen respektiert, ist dies ein echter Gewinn für die Teamarbeit. Wer für sich selbst und das Team eintritt, hat Jammern und Sich-Beklagen nicht (mehr) nötig.

Schlüssel 8: Haltungen vertreten

Gerade Frauen tun sich manchmal schwer damit, ihre Meinung zu vertreten, denn sie werden damit nicht immer auf Gegenliebe stoßen, und Ablehnung können viele nur sehr schwer ertragen. Wer aber Harmonie um jeden Preis verlangt, kann unangemessenem Druck nichts entgegensetzen.

In der Kita-Arbeit wirkt das „Gruppendiktat" besonders stark. Das zeigt sich daran, dass manche Teammitglieder nur von „wir" und nicht von „ich" sprechen. Die Schweigespirale zeigt, „dass die Bereitschaft vieler Menschen, sich öffentlich zu ihrer Meinung zu bekennen, von der Einschätzung des Meinungsklimas in der Gruppe abhängt. Widerspricht die eigene Meinung vermeintlich der der Mehrheit in der Gruppe, wird sie nicht geäußert" (Mannhard 2018a, 73; vgl. auch Nölle-Neumann 2000). **Es tut keinem Kita-Team gut, wenn die Mitglieder sich nicht trauen, eigene Meinungen zu äußern.** Dies verhindert Innovation und erforderliche Veränderungen und führt oft auch zur inneren oder tatsächlichen Kündigung einzelner Mitglieder, die unzufrieden sind.

Praxistipp: Abwägungen treffen

Nicht jeder Kampf lohnt sich für ein Kita-Team. Es kann abwägen, wie wichtig das Erreichen bestimmter Ziele ist und wie groß die Erfolgsaussichten sind.

Auch kann es sich fragen, welchen Preis es bereit ist, zu zahlen. Niemals sollte das Team wichtige Interessen zugunsten geringfügiger Zugeständnisse von anderen aufgeben. Diese Dysbalance in Arbeitsbeziehungen (und übrigens auch in privaten Verbindungen) rächt sich irgendwann. Man beginnt innerlich eine Strichliste mit Minuspunkten anzulegen, und irgendwann ist die Schieflage nicht mehr ausgleichbar und die (Arbeits-)Beziehung beendet. Deshalb muss ein Kita-Team sich klarmachen, wann es entscheidend ist, für die eigene Meinung oder die eigenen Interessen einzutreten. Dann kann es sein Gegenüber mit Argumenten und Emotionen konfrontieren und es wird nicht leicht sein, über die Bedürfnisse im Team hinwegzusehen.

Wichtig!

Eine resignierende Haltung ist ebenso hinderlich für eine offene Kommunikation wie Neuerungen oder neuen Ideen mit der Einstellung „Das haben wir schon immer so gemacht, das bleibt so" zu begegnen. Blockierend ist auch, um jeden Preis bei allen beliebt sein zu wollen oder Angst zu haben, unangenehm aufzufallen. Wer sich von Druck befreien will, muss die eigene Meinung vertreten, um das zu erreichen, was ihm guttut, und, wenn nötig, auch Grenzen setzen.

Schlüssel 9: Motivation stärken

Erzieherinnen und Erzieher und auch Leitungen sind als Team erfolgreich und erreichen Ziele nur gemeinsam. **In gesunden Teams wollen alle etwas leisten und sich einbringen. Die Balance besteht zwischen dem, was jedes Mitglied kann und will, und dem, was es darf.** Situative Führung erkennt die Mitarbeiterin und den Mitarbeiter in ihrem/seinem persönlichen Reifegrad, nachdem demjenigen, der kann und will, umfangreicher Gestaltungsspielraum eingeräumt wird (vgl. Mannhard 2018a, 21). Teammitglieder mit großem persönlichen Reifegrad verfügen über eine hohe intrinsische Motivation, werden sie hingegen gegängelt und in ihrer Entfaltung beschnitten, werden sie demotiviert, was zur Folge hat, dass sie ihre Leistungsbereitschaft zurückhalten.

Praxistipp: Können wollen

In einer Kita-Team-Analyse kann jedes Mitglied überprüfen, was es leisten kann, will und darf. Anschließend stellt sich das Team die Frage, wohin es in seiner Gesamtheit möchte und was es leisten kann. Kennt jedes Teammitglied das Warum seiner Arbeit und sieht es, in welchem Rahmen es einen wertvollen Beitrag dazu leisten kann? Herrschen grundsätzlich Vertrauen und Verantwortungsübernahme in der Teamarbeit?

Liegen bei Störungen in der Zusammenarbeit keine individuellen Faktoren vor, sollte immer auch nach ungünstigen Rahmenbedingungen der Tätigkeit gefahndet werden.

Wichtig!

Eine schlechte Teamstimmung oder Demotivation einzelner Mitglieder kann entstehen, wenn Personen sich nicht wertgeschätzt oder herabgesetzt fühlen. Problematisch ist auch, wenn Teammitglieder sich nicht klar positionieren und Dinge, die zur Klärung anstehen, unausgesprochen bleiben. Ungünstige Kommunikation, fehlende Empathie, Fehlerintoleranz und Vorgaben bis ins kleinste Detail, die wenig eigenen Gestaltungsspielraum zulassen, wirken sich ebenfalls demotivierend aus. Dreh- und Angelpunkt einer inneren und in der Folge auch einer tatsächlichen Kündigung ist, wenn Menschen sich in der Arbeit nicht weiterentwickeln können. Das Teamklima ist entscheidend, das sowohl aus einem Zusammenspiel der einzelnen Mitglieder als auch aus dem Wirken der Teamleitung und der Förderung der Zusammenarbeit durch den Träger besteht. Nicht nur jeder einzelne Mensch, sondern auch das Team als Ganzes benötigt ein Warum, einen Sinn in seinem Zusammenwirken.

Literatur

Andersen, Tom (Hrsg.): Das Reflektierende Team. Dialoge und Dialoge über die Dialoge. Dortmund verlag modernes lernen 2011.

Becker, Florian: Teamarbeit, Teampsychologie, Teamentwicklung. So führen Sie Teams! Heidelberg Springer 2016.

Croos-Müller, Claudia: Kraft. Der neue Weg zu innerer Stärke. Ein Resilienztraining. München Kösel 2015.

Dietrich, Sabine: Das Anti-Druck-Buch. Wie Sie sich im Job und privat gezielt entlasten. Weinheim Wiley 2018.

Fey, Gudrun: Gelassenheit siegt! Mit Fragen, Vorwürfen, Ärger und Angriffen souverän umgehen. Walhalla Regensburg 2015.

Frey, Christel: 30 Minuten Konfliktlösungen. Hörbuch. Offenbach GABAL 2013.

Firus, Christian & Firus, Hans-Hermann: Verabredung mit dem Glück. So stärken Sie Ihre seelische Widerstandskraft. Ostfildern Patmos 2015.

Geier, John & Downey, Dorothy: persolog® Verhaltensprofil. Remchingen persolog 2017.

Hansen, Heiko: So klappts im Kita-Team. Mülheim an der Ruhr Verlag an der Ruhr 2014.

Kahler, Taibi: Das Miniskript. Berlin Institut für Kommunikationstherapie 1977.

Lindner, Ulrike: Ihre Kolleginnen, Ihr Team. Methoden und Übungen zur Teamentwicklung und Motivation in der Kita. Berlin Cornelsen 2016.

Mannhard, Anja: Weshalb werden wir nicht so, wie man es vermuten könnte? In: Kita aktuell, 4/2012. Neuwied Carl Link 2012.

Mannhard, Anja: Kommunikation und Resilienz für Kita-Leitungen (Online-Beitrag). München OLZOG 2016.

Mannhard, Anja: Personalführung in der Kita. Methoden und Impulse für Leitungen, Fachberatung und Träger. Berlin Cornelsen 2018a.

Mannhard, Anja: Der Lebensspur folgen. Ausfüllbuch: Biografiearbeit für Erzieherinnen und Erzieher. Freiburg Herder 2018b.

Mannhard, Anja: Konfliktmanagement – Hinter jedem Konflikt steckt ein Bedürfnis, das gelebt werden will. In: Praxishandbuch Elementarpädagogik, Ausgabe 6, 5/2018. Kulmbach MGO-Fachverlage 2018c.

Nölle-Neumann, Elisabeth: Öffentliche Meinung. Die Entdeckung der Schweigespirale. Berlin Ullstein 2000.

Rabeder, Kurt: Das Leben macht Geschenke, die es als Probleme verpackt. München Gräfe und Unzer 2012.

Senge, Peter: Die fünfte Disziplin. Kunst und Praxis der lernenden Organisation. Stuttgart Schäffer-Poeschel 2017.

Siegrist, Ulrich: Resilienz trainieren. Wie Sie Schritt für Schritt innere Stärke erlangen und Krisen besser überstehen. München mvg 2017.

Schneewind, Julia (Hrsg.): Persönlichkeit stärken – gesund bleiben. Kraft tanken im Erzieherinnen-Alltag. Köln Bildungsverlag eins 2011.

Spenst, Dominik: Das 6-Minuten-Tagebuch. Ein Buch, das dein Leben verändert. Reinbek bei Hamburg Rowohlt 2017.

Werner, Emily: Overcoming the odds: High risk children from Birth to Adult. Ithaka und London Cornell University Press 1992.

Weiterführende Literatur

Bonkowski, Frank: Team Training. 44 Aktionen, die aus einer Gruppe Individualisten eine individuelle Gruppe machen. Neukirchen Vluyn Neukirchener Verlagsgesellschaft 2016.

Mannhard, Anja: Selbstmanagement. Gedanken über die Gegenwart, Wünsche für die Zukunft. In: klein & groß. Mein Kita-Magazin, 12/2016. München Cornelsen 2016.

Mannhard, Anja: Wir entwickeln uns weiter! Qualität für Leitung und Team. In: klein & groß. Mein Kita-Magazin, 11/2017. München Cornelsen 2017.

Mannhard, Anja: Loslassen können. Impulse für Kita Leitungen. In: Praxishandbuch Elementarpädagogik, Ausgabe 3, 08/2017. Kulmbach MGO-Fachverlage 2017.

Mannhard, Anja: Mobbing, Bossing, Straining und Staffing. Konfliktklärung innerhalb der Hierarchie in der Kita. In: Zukunftshandbuch ZHB Kita/Kindheit & Vielfalt. Regensburg Walhalla 2018.

Mannhard, Anja: Philosophische Betrachtungen für Erzieherinnen und Erzieher. Wir arbeiten, wie wir denken. In: Praxishandbuch Elementarpädagogik, Ausgabe 7, 8/2018. Kulmbach MGO-Fachverlage 2018.

Mannhard, Anja: Herausfordernde Leitungssituationen im Gespräch meistern. In: Praxishandbuch Elementarpädagogik, Ausgabe 7, 8/2018. Kulmbach MGO-Fachverlage 2018.

Mannhard, Anja: Fragen – Die Kunst in der Gesprächsführung. In: klein & groß. Mein Kita-Magazin. München Cornelsen erscheint 2019.

Mannhard, Anja: Führen im Sandwich. Berlin Cornelsen erscheint 2019

Mannhard, Anja: Ich bin mir wichtig! Die 8 Schlüssel einer glücklichen Erzieherin. Berlin Cornelsen erscheint 2019.

Mannhard, Anja (Hrsg.): Verhandeln in der Kita. Berlin Cornelsen erscheint 2019.

Mannhard, Anja: Ihre Kita erfolgreich managen. 20 mentale Weisheiten für Leiter*innen. Berlin Cornelsen erscheint 2019.

Mannhard, Anja: Weiblich führen. Berlin Cornelsen erscheint 2019.

Natho, Frank: Selbstlernende Teams. Konzepte und Methoden. Dessau Edition Gamus 2004.

Wawrzinek, Uta: Vom Umgang mit sturen Eseln und beleidigten Leberwürsten. Wie sie Konflikte kreativ lösen. Stuttgart Klett Cotta 2013.

Bildnachweise
S. 9: © pixabay.com; S. 11: AdobeStock; S. 59: pixabay

Die Autorin

Anja Mannhard, Jahrgang 1969, ist Geprüfte Personalfachkauffrau und Ausbilderin (IHK), Personzentrierte Beraterin, staatlich anerkannte Lehrlogopädin und Erzieherin, Referentin, Autorin und Illustratorin. Sie veröffentlichte zahlreiche Publikationen bei renommierten Verlagen in den Bereichen Führung, Teamleitung und -entwicklung, Ausbildung, Persönlichkeitsentwicklung, Biografiearbeit, Arbeitsrecht, Kreativität, Stimme und Sprechen und Kindersprache. Außerdem verfasste und illustrierte sie bereits zwei Kinder- und Jugendbücher.

www.anjalingua.de

Stefan Köhler-Holle

NATUR-IMPULSE

Mit der Natur spielen im Frühjahr, Sommer, Herbst & Winter für Kita-Kids von 2–6

ISBN 978-3-86702-393-1

Die Natur hat jede Menge Fröhliches, Schönes, Entdeckungsreiches zu bieten und bringt Kinder immer in Bewegung. Statt mühsamer, textintensiver Suche nach Fachinhalten bieten die Natur-Impulse direkte Inspirationen durch das großformatig angelegte Fotomaterial. Spinnennetz, Pusteblume oder Laubhaufen stehen hier im Mittelpunkt und werden durch Angebote wie Fingerspiele, Kreativaktionen, Experimente, Geschichten sowie Spiele mit Naturmaterialien ergänzt. Schritt-für-Schritt-Fotos erläutern die Umsetzung der Aktionen auf einen Blick. Eine Erlebnisreise für Kinder durch das ganze Jahr!